왜 잉카 제국은 멸망했을까?

교과서 속 역사 이야기, 법정에 서다

29
역사공화국
세계사법정

아타우알파 vs 프란시스코 피사로

왜 잉카 제국은 멸망했을까?

글 정명섭 · 그림 이남고

㈜자음과모음

어느 날 우주에서 외계인이 찾아온다면 사람들은 어떤 느낌을 받을까요? 아마 에스파냐 인들과 마주친 잉카 인들이 느낀 충격과 비슷할 겁니다. 오랫동안 다른 문명의 사람들을 만나 본 적이 없던 잉카 인들은 어느 날 갑자기 프란시스코 피사로가 이끄는 에스파냐 인들과 맞닥뜨리게 됩니다. 모습과 언어, 문화 등이 다른 낯선 이들의 침입은, 오랫동안 자신들만이 세상의 전부라고 알고 있던 잉카 인들을 큰 충격과 혼란에 빠트리게 됩니다.

잉카 제국은 안데스 산맥을 중심으로 오늘날의 칠레와 페루, 에콰도르와 볼리비아를 아우를 정도로 광대한 영토를 다스린 대제국이었습니다. 발달된 도로망과 파발꾼들을 이용해서 제국의 구석구석까지 영향력을 미쳤고, 체계적인 지방 행정 체계도 갖추었습니다.

계단식 경작지와 인공 수로를 이용해서 농작물을 재배할 줄도 알았지요.

하지만 에스파냐 인들은 유서 깊은 이 잉카 문명 자체를 멸망시켜 버렸습니다. 잉카 제국의 원주민들은 오랫동안 하층민으로 취급받다가 최근에야 처지가 조금 나아졌습니다. 정복자들조차 감탄할 정도로 문명화되어 있던 제국이 채 200명이 되지 않는 에스파냐 인들에게 무릎을 꿇은 이유는 무엇일까요? 이들이 말과 수레를 사용하지 않았고, 사람을 제물로 바치는 풍습이 있었기 때문일까요? 아니면 낯선 이들도 환대하는 순수함 때문이었을까요?

에스파냐 인들은 황금에 눈이 먼 피도 눈물도 없는 정복자들이었죠. 잉카의 황제인 아타우알파를 죽인 프란시스코 피사로는 잉카 제국의 수도인 쿠스코를 점령하고 만코를 허수아비 황제로 세웁니다. 몇 년 후 만코는 에스파냐 인들의 지배에 반발하여 쿠스코를 탈출해서 저항합니다. 하지만 끝내 에스파냐 인들을 잉카 제국에서 몰아내지는 못하지요.

만코가 죽은 후 그 자리는 사이리 투팍이 이어받습니다. 이때에 이르자 잉카 제국은 왕위 세승이 이루어지는 제국이 아니라 도망쳐서 겨우 세력을 유지하는 집단에 불과했습니다. 잉카 제국을 점령한 에스파냐 세력은 계속 팽창해 나가고 있었고, 결국 사이리 투팍은 에스파냐 측과 협상해서 세례를 받고 에스파냐 왕의 신하가 됩니다.

사이리 투팍이 죽은 후에는 그의 동생인 티투 쿠시가 뒤를 이어 형과 달리 에스파냐 세력에 저항합니다. 그러나 이미 기울어진 잉카 제국의 힘을 되찾기에는 역부족이었습니다. 결국 잉카 제국은 그다음 왕인 투팍 아마루가 마지막 왕이 되고 맙니다.

에스파냐는 자신들의 전령이 죽은 것을 빌미로 남은 잉카 세력에 대해 총공격을 감행하고, 투팍 아마루는 탈출을 하다가 붙잡혀 죽고 맙니다.

여기 프란시스코 피사로에게 죽임을 당한 아타우알파가 억울함을 호소하면서 소송을 제기했군요. 여러분도 함께 이 재판을 지켜보면서 그들의 주장에 귀 기울여 주시기 바랍니다.

정명섭

차례

책머리에 | 5

교과서에는 | 10

연표 | 12

등장인물 | 14

프롤로그 | 18

미리 알아두기 | 24

소장 | 26

재판 첫째 날 **에스파냐는 왜 잉카를 침략했을까?**

1. 에스파냐 인들은 무엇을 원했을까? | 30

2. 당시의 시대 상황은 어땠을까? | 41

열려라, 지식 창고_아스텍 제국도 에스파냐가 점령했다고? | 46

휴정 인터뷰 | 47

재판 둘째 날 잉카 인들은 왜 에스파냐 인들을 믿었을까?

1. 잉카 제국은 어떤 나라였을까? | 52
2. 잉카 인들은 왜 에스파냐 인들을 신이라고 생각했을까? | 68
3. 잉카 제국에 전염병이 퍼진 이유는 무엇일까? | 78
열려라, 지식 창고_중세 시대의 전염병 | 86
휴정 인터뷰 | 87
역사 유물 돋보기_고대 문명의 흔적 | 90

재판 셋째 날 잉카 제국의 멸망 후 무엇이 바뀌었을까?

1. 시대의 흐름은 어떻게 바뀌었을까? | 94
2. 원주민들은 어떤 대접을 받았을까? | 107
열려라, 지식 창고_바야돌리드 논쟁 | 115
휴정 인터뷰 | 116

최후 진술 | 119
판결문 | 124
에필로그 | 126
떠나자, 체험 탐방! | 130
한 걸음 더! 역사 논술 | 132
찾아보기 | 137

잉카 문명은 페루에서 12세기경에 성립되었으며, 태양신을 숭배하고 옥수수 농사를 주로 지었다는 특징이 있다. 유럽인이 건너올 무렵 토착 문명으로 번성하고 있었으나, 1533년에 에스파냐 인에 의해 멸망했다.

중학교   역사

IX 교류의 확대와 전통 사회의 발전
   4. 유럽의 신항로 개척과 절대 왕정
      (1) 유럽이 새로운 항로를 개척하다

십자군 원정으로 동방 무역이 활발해지면서 유럽 인들의 동방에 대한 관심이 높아졌고 이는 신항로 개척으로 이어졌다. 신항로 개척 이후 포르투갈과 에스파냐는 앞다투어 식민지를 건설하였다. 포르투갈은 브라질을 식민지로 삼았고, 에스파냐는 중·남부 아메리카에 식민지를 건설하였다.

마야 문명의 뒤를 이어 멕시코 고원의 계곡 지대에서 일어난 아스텍 문명은 잉카와 더불어 아메리카 대륙에서 가장 강력한 세력을 형성하였다. 1325년경에 세워진 아스텍 제국은 16세기 초에 지배 부족의 수탈과 강압이 심해지면서 여러 지방에서 아스텍 왕에 반대하는 반란이 일어났고, 에스파냐 군대까지 침입하자 멸망했다. 한편 남아메리카의 잉카 문명은 안데스의 여러 문명 중에서 가장 마지막까지 살아남았지만, 내란의 시기에 도착한 에스파냐 정복자 프란시스코 피사로에게 정복당했다.

고등학교	세계사	V. 지역 세계의 팽창과 세계적 교역망의 형성 4. 세계 교역의 확장 　(3) 아메리카 문명과 종교
		V. 지역 세계의 팽창과 세계적 교역망의 형성 4. 세계 교역의 확장 　(4) 대서양 교역

아메리카 대륙의 존재를 알게 된 유럽 인들은 이곳의 자원을 채굴하여 유럽으로 가져가게 된다. 이 과정에서 아메리카 원주민들은 유럽 인들이 전파한 전염병에 희생되고, 혹독한 강제 노동에 시달리게 된다.

세계사
연표

1206년 칭기즈 칸, 몽골 통일

1234년 몽골, 금 멸망시킴

1271년 원 제국 성립

1299년 오스만 제국 성립

1347년 흑사병의 확산

1368년 주원장, 명 건국

1453년 비잔티움 제국 멸망

1455년 장미 전쟁

1492년 콜럼버스, 아메리카 대륙 발견

1498년 바스쿠 다가마, 인도 항로 발견

1519년 마젤란, 세계 일주

1533년 잉카 문명 멸망

1541년 프란시스코 피사로 사망

1231년	몽골의 제1차 침입
1359년	홍건적의 침입
1388년	이성계, 위화도 회군
1389년	박위, 쓰시마 섬 토벌
1392년	고려 멸망, 조선 건국
1394년	한양 천도
1446년	훈민정음 반포
1555년	을묘왜변
1592년	임진왜란
1627년	병자호란

원고 **아타우알파**

나는 잉카 제국의 황제였는데 프란시스코 피사로에
게 붙잡혔어요. 황금을 줄 테니 풀어 달라고 하고 그
에게 황금을 주었지만, 그는 약속을 어기고 나를 죽
였습니다. 나뿐만 아니라 잉카 제국의 수많은 죄 없
는 백성들이 그에게 목숨을 잃었습니다.

원고 측 변호사 **나인권**

아타우알파 황제의 억울함을 알고 변호를 맡게 되었
습니다. 여러분도 잉카 제국을 짓밟은 프란시스코 피
사로의 행위에 대해 냉정하게 판단해 주십시오.

원고 측 증인 **몬테수마**

나는 위대한 아스텍 제국의 황제였지만, 에르난 코르
테스에게 속아서 비참한 최후를 맞이했습니다. 그들
은 황금에 눈이 어두워서 사람 목숨을 파리 목숨처럼
여긴 나쁜 놈들입니다.

원고 측 증인 **만코 잉카**

저는 아타우알파 황제가 죽은 후 프란시스코 피사로에 의해 황제가 되었습니다. 하지만 이름만 황제이지 저들의 인형이나 마찬가지였습니다. 그래서 저들을 몰아내려고 했지만 실패하고, 저 역시 죽고 말았습니다.

원고 측 증인 **티투 쿠시**

아버지 만코 잉카 황제가 에스파냐 인들에게서 도망쳐서 세운 빌카밤바에서 황제가 되었습니다. 잉카와 관련된 기록들은 거의 대부분 제가 남긴 것입니다.

원고 측 증인 **바르톨로메 데 라스카사스**

도미니크 수도회의 수사였습니다. 단지 국가나 종교가 다르다고 해서 어떻게 한 인간이 다른 인간을 괴롭히고 죽일 수 있습니까? 잉카 인들도 우리와 같은 인간이고 하느님의 자식입니다.

피고 프란시스코 피사로

나는 하느님의 가르침을 전파하고자 오랜 탐험 끝에 잉카에 도착했습니다. 하지만 잉카 인들이 신의 가르침에 귀를 기울이지 않아 결국 그들을 정복해야만 했습니다. 이것은 신이 내게 준 사명이자 에스파냐 황제의 승인을 얻은 정당한 권리입니다.

피고 측 변호사 김정복

프란시스코 피사로를 변호한 김정복 변호사입니다. 잉카 인들은 자신들이 피해자라고 주장하는데, 그들 역시 자기들보다 약한 자를 괴롭히고 죽였던 사람들입니다. 이번 재판을 통해 그들의 잘못된 주장을 낱낱이 파헤치겠습니다.

피고 측 증인 바스코 발보아

저는 에스파냐의 정복자입니다. 새로운 땅을 찾아서 신의 영광을 전하는 것 외에 다른 삶은 생각해 본 적도 없습니다. 어차피 우리가 아니었어도 누군가가 원주민들을 죽이고 땅을 정복했을 것입니다.

피고 측 증인 후안 히네스 데 세풀베다

저는 바르톨로메 데 라스카사스와 논쟁을 한 철학자입니다. 강하고 문화 수준도 높은 에스파냐가 약하고 문화 수준도 낮은 잉카를 정복하고 다스린 것은 문제가 되지 않는다고 생각합니다.

판사 공정한

역사공화국 세계사법정의 판사 공정한입니다. 이번 재판도 양쪽의 주장이 명백히 달라서 상당히 어려울 것 같습니다. 하지만 늘 그래 왔듯이 공정하게 판결할 것을 약속드립니다.

"잉카 인들의 억울한 목소리를 들려주겠소"

강변에 모여 선 영혼들이 강가의 돌 위에 올라선 수도복 차림의 영혼의 연설에 귀를 기울이고 있었다.

"죄 없는 영혼들이여, 오늘 우리들은 억울함을 호소하기 위해 이 자리에 모였습니다. 우리는 죽은 후에도 편안히 잠들지 못하고 여기 모여 있습니다. 이곳에서도 오직 승자와 패자로 구분되고 있기 때문 이지요. 우린 승자도 아니고 패자도 아닙니다. 다만 희생자일 뿐입 니다. 그래서 역사공화국에 강하게 요구합니다. 승자들의 마을과 패 자들의 마을 중간, 바로 이 심판의 강가에 희생자들의 마을을 세워 주시오!"

그의 연설이 끝나자 모여 있던 영혼들이 일제히 환호성을 지르며 박수를 쳤다. 대부분 아프리카와 아메리카의 원주민과 노예들이었다. 반면 심판의 강을 경계로 나눠진 승자들의 마을과 패자들의 마을 주민들은 그들을 무심한 눈으로 바라볼 뿐이었다. 박수가 끝나고 다시 연설이 이어지려 할 때 한 영혼이 무리를 헤치고 나왔다.

"잠시 실례하겠습니다."

그가 수도복 차림의 영혼에게 다가갔다.

"혹시 바르톨로메 데 라스카사스 수사님이 아니십니까?"

"맞습니다만, 당신은 누구요?"

"아, 저는 김고려 변호사라고 합니다."

"무슨 일로 날 찾아온 것이오?"

"역사공화국 판사님의 전갈을 가지고 왔습니다."

"판사?"

"네. 역사공화국에서 희생자들의 마을을 세우려면 재판을 거쳐야 한답니다."

"재판이라면 살아 있을 때 질릴 정도로 해 보았소. 거기에서는 정의를 찾을 수 없소이다."

"주위를 보세요. 승자들의 마을이나 패자들의 마을 사람들은 아무도 수사님의 말씀에 관심이 없어요."

김고려 변호사는 강가에서 무심하게 지켜보는 양쪽 마을 사람들을 가리켰다.

"하지만 재판이 열리면 모두들 관심을 가지고 지켜볼 겁니다. 지지하는 사람들도 생길 거고요."

"우리보고 광대처럼 무대에 올라서란 말이군."

"철학자인 후안 히네스 데 세풀베다를 아시죠?"

김고려 변호사의 질문에 바르톨로메 데 라스카사스 수사가 움찔했다.

"내가 어떻게 그 이름을 잊어버리겠소?"

"그들이 재판을 준비하고 있습니다. 여러분들이 준비하지 않으면 그쪽이 이 재판의 승자가 되겠지요."

바르톨로메 데 라스카사스 수사는 굳은 얼굴로 생각에 잠겼다. 이윽고 그가 변호사에게 다가서며 말했다.

"좋습니다. 우리도 재판에 참여하겠소."

"어려운 결심을 하셨습니다."

"그럼 이 재판에 빠질 수 없는 분을 소개하지요."

바르톨로메 데 라스카사스 수사는 뒤에 있던 한 인디언 영혼을 가리켰다. 건장한 체격에다 화려한 치장을 하였지만 눈은 더없이 슬퍼 보이는 영혼이었다. 바르톨로메 데 라스카사스 수사가 낮은 목소리로 소개했다.

"잉카 제국의 마지막 황제인 아타우알파입니다."

아타우알파는 분노에 찬 목소리로 말을 시작했다.

"난 프란시스코 피사로에게 속아 억울하게 죽었습니다. 내가 죽고 난 뒤 잉카 제국도 멸망하고 말았죠. 여기 모인 영혼들 대부분이 에스파냐 인들에게 죽임을 당한 나의 백성들입니다. 억울하게 죽은 이들을 대표해서 소송을 제기하겠습니다. 저들이 지은 죄가 얼마나 크고 무거운지 똑똑히 알릴 것입니다."

김고려 변호사가 웃으며 말했다.

"잘 생각하셨습니다. 그 용기 있는 결정에 백성들도 기뻐할 것입니다."

"그리고 이쪽은 이번 재판을 맡을 나인권 변호사예요."

바르톨로메 데 라스카사스가 옆에 있던 영혼을 가리켰다. 그 영혼은 깜짝 놀란 표정을 지었다.

"제가요?"

"그렇소. 당신이라면 잉카 인들의 억울함을 법정에서 밝혀 줄 수 있을 겁니다."

"이런 중요한 재판을 경험이 부족한 저한테 맡기시다니요. 김고려 변호사에게 맡기세요."

나인권 변호사는 난처한 얼굴로 김고려 변호사를 가리켰다.

"미안하지만 저는 재판에 참여할 수 없어요."

"왜요?"

"저는 판사님의 공식적인 업무를 대행했기 때문에 상대편에서 불공정하다고 주장할 수 있습니다."

나인권 변호사는 난감한 표정으로 바르톨로메 데 라스카사스에게 물었다.

"제가 잘할 수 있을까요?"

"물론이오. 나 변호사는 이쪽 사정을 잘 알고 있잖소?"

입술을 굳게 다물고 생각에 잠겨 있던 나인권 변호사가 김고려 변호사에게 말했다.

"좋아요. 변호를 맡겠습니다."

"잘 생각했어요. 좋은 변호를 해 주시리라고 믿습니다."

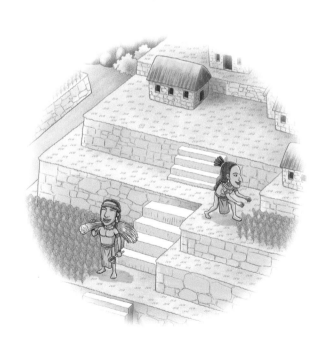

잉카 제국의 기원과 역사

잉카 제국의 기원은 정확하게 알려져 있지 않습니다. 잉카 인들의 전설에 의하면 서기 1200년경에 최초의 잉카 황제로 알려진 만코 카팍이 쿠스코 지역에 정착하면서 시작되었다고 합니다. 잉카 제국이나 황제라는 명칭은 에스파냐 인들이 붙인 것으로, 원주민들은 자신의 나라를 '네 개의 지방'이라는 뜻의 '타완틴수유'라고 불렀습니다.

본래는 여러 부족이 있었지만, 만코 카팍의 후계자들이 정복 전쟁을 벌여서 안데스 산맥을 중심으로 한 잉카 제국이 탄생했습니다. 당시의 잉카는 제국이라기보다 여러 부족들이 모여 있는 작은 나라에 불과했습니다.

잉카 제국은 '비라코차, 파차쿠티, 유판키' 3대에 걸쳐 급격히 성장하며 영토를 넓혀 나갔고, 수도인 쿠스코에는 거대한 석축 건물만도 4000개에 달하였습니다. 당시 대다수의 유럽 도시들은 더러운 물을 흘려보내는 설비가 제대로 되어 있지 않아 전염병이 쉽게 퍼졌지만, 쿠스코는 도시 설계자들이 돌을 깎아 만든 설비로 유럽의 도시와 달리 깨끗함을 유지할 수 있었습니다.

잉카 제국은 와이나 카팍이 제11대 황제가 되면서 최대의 전성기를 맞이했습니다. 제도를 정비하는 한편 정복 전쟁을 벌여 남쪽의 에콰도르와 칠레 지역까지 영토를 넓혔습니다. 하지만 와이나 카팍은 전염병으로 갑작스럽게 죽음을 맞이하게 되었고 죽기 전에 둘째 아들인 와스카르와 셋째 아들인 아타우알파에게 나라를 물려주었습니다.

　그런데 이 두 아들은 사이좋게 나라를 통치하는 대신 왕위를 놓고 전쟁을 벌였고, 아타우알파가 와스카르를 포로로 잡게 되면서 전쟁이 끝났습니다. 그리고 승리한 아타우알파가 수도인 쿠스코로 가던 중 잉카 제국을 정복하러 온 프란시스코 피사로를 만나 붙잡히게 되면서 잉카 제국의 멸망이 시작되었지요.

잉카 제국 최후의 황제 아타우알파로, 프란시스코 피사로가 이끄는 에스파냐 군대에 체포되어 죽었습니다.

원고 | 아타우알파　　　　대리인 | 나인권 변호사
피고 | 프란시스코 피사로　대리인 | 김정복 변호사

청구 내용

나 아타우알파는 프란시스코 피사로에게 속아 죽음을 맞고 잉카 제국을 멸망에 이르게 한 것 때문에 저승에 와서도 몹시 괴로워하고 있습니다.

당시 저는 왕위를 두고 전쟁을 벌인 끝에 형인 와스카르를 제압하고 잉카 제국을 안정화시키는 중이었습니다. 그때 프란시스코 피사로와 그의 부하들이 나타난 것입니다. 그들이 내 백성들을 괴롭힌다는 소문을 들었지만, 저는 예의를 갖춰서 그들을 환영했습니다. 하지만 그들은 무기를 감추고 저를 유인한 뒤 갑자기 공격했습니다.

저는 어리석게도 황금을 주면 그들이 저를 풀어 주고 잉카를 떠날 것이라고 믿고, 방을 가득 채울 수 있을 만큼 황금을 줄 테니 나를 풀어 달라고 했습니다. 하지만 그들은 약속을 저버리고 저를 죽였습니다.

프란시스코 피사로와 부하들은 저를 죽인 뒤 어머니가 다른 동생인 만코를 황제로 세우고 그를 마음대로 조종했습니다. 그들은 찬란한 잉카의 문명뿐 아니라 잉카 인의 혼까지 말살하려고 들었습니다. 그들은 잉카 인들을 노예로 만들고 자신들의 신앙을 강요했습니다.

그런데 야만적인 저들의 범죄를 두고 아직도 일부 사람들은 '신대륙 개척'이라는 둥 '모험'이라는 둥 말하고, 문명인인 저들이 야만족인 잉카 인들을 정복한 것은 당연한 역사의 흐름이라고 기록하고 있습니다. 그들이 오기 전에 이미 우리들은 제국을 건설했고 찬란한 문명을 이루었습니다. 무엇이 개척이고 모험인 것입니까? 황금에 대한 욕심으로 한 문명을 멸망시킨 그들은 역사에 씻을 수 없는 죄를 지었습니다. 저는 잉카 인들의 이 억울한 사정을 알리기 위해 소송을 제기합니다.

입증 자료

- 중학교 역사 교과서
- 고등학교 세계사 교과서
  그 외 자료 추후 제출하겠음.

위 청구인 아타우알파
역사공화국 세계사법정 귀중

에스파냐는 왜 잉카를 침략했을까?

1. 에스파냐 인들은 무엇을 원했을까?
2. 당시의 시대 상황은 어땠을까?

교과연계

세계사
V. 지역 세계의 팽창과 세계적 교역망의 형성
  4. 세계 교역의 확장
    (4) 대서양 교역

에스파냐 인들은
무엇을 원했을까?

　"오늘도 재판 분위기가 무겁군요. 그런데 여왕님께서는 볼 때마다 예뻐지십니다."

　셰익스피어의 말에 엘리자베스 여왕도 싫지 않은 듯 웃었다.

　"호호호, 고마워요. 그런데 정말 곧 싸움이라도 벌어질 것 같네요."

　엘리자베스 여왕의 말대로 방청석 분위기는 찬물을 끼얹은 것처럼 차가웠다. 그녀처럼 호기심에서 구경하러 온 방청객들을 경계선으로 한쪽에는 잉카 원주민들이, 다른 한쪽에는 에스파냐 인들이 앉아 냉랭한 분위기를 만들고 있었다.

　"그럴 수밖에 없겠죠. 억울하게 죽은 잉카 제국의 황제 아타우알파와 그를 죽인 프란시스코 피사로의 재판이니까요."

　"그렇죠? 어떤 증언이 나오고 또 판결이 어떻게 날지 무척 궁금하군요."

엘리자베스 여왕은 침착하게 입장하는 판사를 보며 말했다.

판사   지금부터 재판을 시작하겠습니다. 먼저 원고가 재판을 제기한 이유와 목적에 대해서 듣고, 피고의 반론을 듣는 것으로 진행하겠습니다. 원고 측 변호인이 먼저 발언해 주시기 바랍니다. 원고 측 변호인, 지금 자고 있는 겁니까?

대답이 없자 판사는 목청을 높였다. 꾸벅꾸벅 졸고 있던 나인권 변호사는 판사의 호통에 놀라 그제야 정신을 차렸다.

나인권 변호사   죄, 죄송합니다. 재판 준비를 하느라 어젯밤 한숨도 못 자서 깜빡 졸았습니다. 그런데 자료가 어디 있지?

나인권 변호사가 허둥지둥 자료를 찾는 모습을 보다 못한 판사가 끼어들었다.

판사   그럼 제가 먼저 질문하는 것으로 재판을 시작하겠습니다. 지금까지 재판이 벌어진 이유는 대부분 일반적으로 알려진 내용과 실제의 사실이 다르기 때문에 이를 바로잡기 위해서였습니다. 그에 비해 이번 재판의 경우 ▶인디언들이 정복자인 피고에 의해 피해를 입은 희생자라는 사

교과서에는

▶ 아메리카 대륙의 존재를 알게 된 유럽 인들은 아메리카의 많은 자원을 채굴해 유럽으로 가지고 갔습니다. 아메리카 원주민들은 유럽 인이 전한 전염병에 많이 희생되었지요.

인디언

아메리카 대륙에 도달한 콜럼버스는 자신이 도착한 곳이 인도인 줄 착각하고 그곳의 원주민을 인도인이라는 뜻의 인디언으로 불렀습니다. 이는 아메리카 대륙의 원주민을 통틀어 이르는 말로 사용되지요.

헬레니즘 문화

헬레니즘 문화는 알렉산더 대왕의 동방 원정으로 인해 아시아 지역으로 전파된 그리스 문화와 동양 문화가 결합해서 나타난 새로운 문화를 가리킵니다.

실을 누구나 잘 알고 있지요. 그런데 굳이 소송을 제기한 이유가 궁금합니다. 원고나 원고 측 변호인 아무나 대답해도 좋습니다.

판사의 말이 끝나자마자 나인권 변호사가 탁자를 내리치며 벌떡 일어섰다.

나인권 변호사   지금 판사님께서 하신 말씀 중에 오늘 소송의 이유와 목적이 들어 있습니다.

나인권 변호사는 어리둥절해 있는 판사와 방청객들을 향해 입을 열었다.

나인권 변호사   판사님께서는 잉카 인들을 인디언들이라고 하셨습니다. ▶인디언은 아메리카 인디언들을 뜻하는 낱말인데 왜 잉카 인들을 인디언이라고 하시는 겁니까?

판사   일반적으로 그렇게 부르고 있지 않나요?

나인권 변호사   그것은 알맞은 이유가 될 수 없습니다. 그리고 피고를 정복자라고 지칭하셨습니다. 정복자라는 명칭은 통상 프랑스 혁명 사상을 유럽에 널리 퍼트린 나폴레옹이나 **헬레니즘 문화**를 이룩한 알렉산더 대왕 같은 인물에게나 어울립니다. 문명 자체를 멸망시킨 프란시스코 피

교과서에는

▶ 콜럼버스가 도착한 지역을 '서인도 제도'라 하고 그곳 원주민을 '인디언'이라고 부르는 것은 당시 유럽인들이 세계 지리에 어두웠다는 사실을 보여 줍니다.

나폴레옹

인디언≒잉카 인

알렉산더 대왕

사로 같은 자에게는 파괴자나 탐욕자라는 말이 알맞습니다. 저는 이
번 재판에서 잉카 제국이 어떻게 멸망되었는지, 그리고 그 과정에서
저들이 무슨 짓을 저질렀는지 만천하에 밝힐 생각입니다.

　나인권 변호사가 카랑카랑한 목소리로 외치자 방청석의 잉카 인
들이 일제히 환호성을 질렀다. 판사는 방청객들에게 조용하라고 말
한 뒤 나인권 변호사에게 이야기했다.

판사　　여긴 법정이니 원고 측 변호인은 방청객들을 부추기지 마세요.

원고 측 이야기를 들어 봤으니 피고 측도 할 이야기가 있겠죠?

    김정복 변호사가 자리에서 일어났다.

김정복 변호사   물론입니다. 먼저 원고 측 변호인이 잘못 알고 있는 사실을 바로잡아 주고 싶군요. 나폴레옹이 프랑스 혁명 사상을 유럽에 전파했다고 했는데, 그는 황제의 자리에 오르고 다른 나라를 침략해서 고통을 준 인물입니다.

    알렉산더 대왕이 헬레니즘 문화를 이룩했다고 하셨습니까? 헬레니즘 문화가 본격적으로 꽃핀 건 알렉산더 대왕이 죽고 그의 부하들이 서로 다투던 시기였습니다.

    잠시 판사와 방청객들의 반응을 살핀 김정복 변호사가 말을 이었다.

김정복 변호사   물론 두 사람이 일으킨 전쟁이 그 원인을 제공한 것은 사실입니다. 하지만 당사자가 의도하지 않았던 일에 대해서까지 업적이라고 보는 것은 옳지 않습니다. 마찬가지로 여기 제 옆에 앉아 있는 피고가 과연 잉카 문명의 멸망을 의도했을까요? 그는 그저 황금을 찾았을 뿐입니다. 그 과정에서 사람들이 많이 죽었다는 점은 저도 매우 유감스럽게 생각합니다. 하지만 그것만 가지고 문명을 파괴하고 사람들을 학살했다고 말하는 것은 지나치다고 생각합니다.

김정복 변호사의 말이 끝나자 에스파냐 인 방청객들이 환호성을 지르며 발을 굴렀다. 판사는 그들을 진정시킨 뒤 나인권 변호사에게 말했다.

판사   원고 측 증인부터 부를까요?

나인권 변호사   네? 네, 그렇게 하시죠.

판사   그 전에 물어볼 게 있습니다. 이번 재판은 잉카 문명을 멸망시킨 프란시스코 피사로에 관한 재판입니다. 그런데 왜 아스텍 문명과 관련된 증인을 신청한 겁니까?

나인권 변호사   ▶잉카 제국과 아스텍 제국은 에스파냐의 탐욕에 의해 멸망했다는 공통점을 가지고 있습니다. 그래서 같은 처지의 증인을 청했습니다.

나인권 변호사의 설명을 들은 판사가 고개를 끄덕였다.

판사   그런 이유가 있었군요. 알겠습니다. 증인은 증인석으로 나와 선서해 주시기 바랍니다.

법정의 문이 열리고 첫 번째 증인이 모습을 드러냈다. 깃털로 장식된 망토를 두르고 금팔찌를 찬 몬테수마가 증인석에 올라 한쪽 손을 들었다.

아스텍 제국
아스텍 족이 멕시코 고원에 세운 원주민 정복 왕조입니다. 공동체 조직을 단위로 하는 계급 사회로 자치적 경찰과 사법 조직을 갖추고 아스텍 문명을 남겼으나 1521년 에르난 코르테스의 에스파냐군에 정복되어 멸망했습니다.

교과서에는

▶ 멕시코 고원의 계곡 지대에서 일어난 아스텍 문명은 잉카와 더불어 아메리카 대륙에서 가장 강력한 세력을 형성하였습니다. 아스텍 제국은 1325년경에 세워졌으며, 현재 멕시코시티의 중앙부를 도읍으로 삼았지요. 16세기 초에 지배 부족의 강압이 심해지면서 여러 지방에서 아스텍 제국의 왕에 반대하는 반란이 일어났고, 마침 에스파냐 군대가 침입하여 아스텍 문명이 멸망하고 맙니다.

에르난 코르테스
에스파냐의 정복자로 아스텍 제
국에 에스파냐 식민지를 건설하
고 총독을 지냈습니다.

테노치티틀란
멕시코 중앙 고원에 위치한 고
대 도시입니다. 아스텍 제국의
수도로 1521년 에스파냐의 침
입자들에 의해 파괴되었으나 현
재는 멕시코시티가 건설되었습
니다.

몬테수마   나 몬테수마는 진실만을 말할 것을 엄숙히 선
서합니다.

판사   증인은 자리에 앉으시고요, 원고 측 변호인은 증
인 신문을 시작하세요.

나인권 변호사   이렇게 나와 주셔서 감사합니다. 우선 간
략하게 본인 소개를 해 주세요.

몬테수마   나는 아스텍 제국의 마지막 황제인 몬테수마
요. 아타우알파처럼 사악한 에스파냐 인의 흉계에 속아서
억울한 죽음을 당했습니다. 내 왕국도 그들의 손에 의해 흔적도 없
이 파괴되었소이다.

증인석에 선 몬테수마는 분을 참지 못한 듯 씩씩대었다.

나인권 변호사   일단 진정하시고 어떤 일이 있었는지 말씀해 주세요.

몬테수마   에르난 코르테스가 처음 나타난 것은 1519년이었소. 해
안에 그들이 나타났다는 소식을 듣고 전령을 보내서 나라의 수도인
테노치티틀란으로 초청했어요.

나인권 변호사   침략자들을 초청했다고요?

나인권 변호사의 질문에 몬테수마는 겸연쩍은 얼굴로 대답했다.

몬테수마   나는 처음에 그들이 전설에 나오는 케찰코아틀인 줄 알

앞소. 그런데 그들은 내 왕국으로 들어오면서 백성들을 죽이고 집과 마을들을 불태웠어요. 그래서 테노치티틀란으로 빨리 불러들여서 그들에 대해 알아볼 생각이었소.

나인권 변호사 이런, 호랑이를 안방으로 불러들인 셈이군요.

몬테수마 그런 셈이 되었지요. 그들은 치밀하고 계획적으로 우리 왕국을 점령해 갔어요. 한번은 이런 일이 있었소. 그들이 머물고 있는 마을 근처에 내 신하들이 세금을 거두러 들르자, 에르

케찰코아틀
아스텍 족 신화에 나오는 케찰코아틀은 날개 달린 뱀의 형태를 한 신입니다. 아스텍 인들은 에스파냐 정복자들을 케찰코아틀로 오해했다가 나중에 가짜인 걸 알았지만 너무 늦고 말았답니다.

아스텍 제국의 신화에 나오는 신인 케찰
코아틀입니다.

총독
관할 구역 안의 모든 정무·군무
를 통할하는 벼슬을 가리키는 말
입니다.

난 코르테스가 세금을 빌미로 내 백성들을 선동해
서 신하들을 붙잡아 가둔 뒤 나중에 몰래 풀어 준
것이오.

나인권 변호사　잘 이해가 되지 않습니다. 잡았다
가 풀어 줬다고요?

몬테수마　백성들의 편에 서는 척 관리를 잡았다
가, 다시 그를 풀어 주어 나를 안심시킨 겁니다. 그
리고 백성들에게는 관리가 도망쳤으니 왕에게 큰
벌을 받게 될 거라고 위협하면서 자기의 명령에 복
종하게 한 거죠.

그러다가 에르난 코르테스가 쿠바 총독이 보낸 다른 에
스파냐 인들과 싸우기 위해 잠깐 떠나 있을 때 그의 부하
가 축제를 즐기던 내 백성들을 무참하게 죽이는 일을 저질
렀소. 격분한 백성들이 들고일어섰을 때 나는 그들을 말리
기 위해 나섰다가 돌과 화살을 맞고 죽음을 맞이하게 되었소. 그동
안 쌓였던 백성들의 분노가 폭발한 것이죠.

몬테수마의 증언이 이어지는 동안 법정 안은 침묵이 흘렀다.

몬테수마　그 에스파냐 인들은 오직 황금, 황금밖에는 몰랐소. 황
금을 차지하기 위해 이 모든 악행을 벌인 것이오! 내가 죽은 후 백성
들은 힘을 합해 그들을 쫓아냈지만 그들이 퍼트린 전염병은 막을 수

없었지요. 많은 백성이 죽은 후에 그들은 다시 돌아왔다오. 테노치티틀란이 다시 함락당하고 끔찍한 일이 벌어졌지요. 내 백성들은 금 한 조각만도 못한 대접을 받으며 살아가야 했어요. 잉카 인들도 이와 같은 상황을 겪었겠지요.

몬테수마가 증언을 마치고 눈물이 글썽거리는 얼굴을 두 손으로 감쌌다. 나인권 변호사가 한숨을 쉰 뒤 판사를 향해 말했다.

아스텍 제국의 황제인 몬테수마가 살았다고 하는 궁전의 모습입니다.

나인권 변호사　더 이상 무슨 이야기가 필요한가요? 이처럼 저들은 황금에 눈이 먼 학살자들일 뿐입니다.

판사　증언은 잘 들었습니다. 더 신문할 게 없으면 반대 신문으로 넘어가도록 하겠습니다. 피고 측 변호인, 신문하시겠습니까?

김정복 변호사　아닙니다. 우리 측 증인 신문을 허락해 주십시오.

판사　알겠습니다. 증인은 돌아가셔도 좋습니다.

밖으로 나가던 몬테수마가 원고석에 앉은 아타우알파를 물끄러미 바라보았다. 복잡한 눈빛으로 서로를 보던 두 사람은 약속이나 한 듯 고개를 떨구고 한숨을 쉬었다.

판사　그런데 피고 측에서 신청한 증인도 이번 재판과 관련이 없어 보이는군요.

김정복 변호사   그렇지 않습니다. 원고 측 증인의 주장을 반박하기
위해서 당시의 인물을 증인으로 신청했습니다.

판사   그렇군요. 잉카 제국과 아스텍 제국 간에 공통점이 많다면
양쪽 이야기를 모두 들어 보는 것이 맞겠군요.

왜 잉카 제국은 멸망했을까?

당시의 시대 상황은
어땠을까?

판사   피고 측 증인은 나와서 선서해 주세요.

    수염을 기른 에스파냐 사람이 성큼성큼 걸어 들어오더니 증인석에 올라 한쪽 손을 들고 선서했다.

바스코 발보아   나는 오직 진실만을 말할 것을 약속합니다.

판사   앉으셔도 좋습니다. 피고 측 변호인은 준비되셨으면 신문해 주시기 바랍니다.

김정복 변호사   감사합니다. 우선 간단한 자기소개부터 부탁드리겠습니다.

바스코 발보아   나는 에스파냐 출신의 바스코 누녜스 데 발보아요.

그라나다
에스파냐 남부 안달루시아 지방
에 있는 도시로 이슬람교도의
왕궁인 알람브라 궁전 등의 유
적이 많은 것이 특징입니다.

보통 줄여서 바스코 발보아라고 부른다오. 태평양을 처음
으로 발견했지요.

김정복 변호사　　그렇군요. 증인은 왜 그렇게 먼 곳까지 가
서 원주민들과 싸우고 정복을 한 겁니까?

바스코 발보아　　혹시 '레콘키스타'라는 말을 들어 보셨나요?

김정복 변호사　　아뇨, 처음 듣습니다.

바스코 발보아　　'재정복 운동' 정도로 설명하면 되겠군요. 이베리아
반도를 지배하고 있는 이슬람 인들을 쫓아내는 싸움으로, 내가 스무
살이 되기 직전에 그라나다를 점령하는 것으로 끝이 났지요. 이렇게
싸우고 정복하는 것이 일상이었던 시절이었어요.

　　나는 걸음마를 떼기 전부터 이교도들을 물리치고 신의 말씀을 전
해야 한다는 이야기를 들으며 자랐소이다. 그런 환경에서 살았으니
같은 종교를 믿지 않는 자는 사람 취급을 하지 않는 것이 당연한 일
아니겠소? 피고인 프란시스코 피사로 역시 마찬가지일 겁니다.

나인권 변호사　　이의 있습니다! 증인은 지금 자신들의 잘못을 환경
탓으로 돌리고 있습니다.

판사　　옳은지 그른지는 더 들어 보기로 하겠습니다. 원고 측 변호
인은 자리에 앉아 주세요.

　　계속하라는 판사의 손짓에 바스코 발보아가 말을 이었다.

바스코 발보아　　그리고 우리가 황금밖에 몰랐다고 했는데 그것 역

시 어쩔 수 없던 일이오. 내가 살던 시대에는 첫째 아들에게 전 재산이 상속되기 때문에 둘째나 셋째는 자신의 운명을 스스로 개척해야 했지요. 어린 시절을 풍족하게 보낸 아이가 어른이 되어 갑자기 근검절약하면서 살 수 있겠소? 더구나 우리 집안은 별 볼 일 없는 하급 귀족이라 기댈 구석도 없었지요. 그러니 한 자루 칼과 용기로 새로운 곳을 정복할 수밖에 없지 않겠소?

김정복 변호사   그러니까 증인 같은 사람들이 ▶남아메리카로 건너 갔던 것은 사회적인 분위기 때문이라고 말할 수 있겠군요?

나인권 변호사   이의 있습니다! 피고 측 변호인은 지금 유도 신문을 하고 있습니다!

판사   인정할 수밖에 없군요. 피고 측 변호인은 증인에게 답변을 유도하는 질문을 삼가 주세요.

김정복 변호사   알겠습니다. 그럼 질문을 바꿔 보겠습니다. 증인은 당시 자신의 행동이 잘못되었다고 생각해 본 적이 있습니까?

바스코 발보아   글쎄요. 처음 신대륙으로 건너간 사람들이 그곳 원주민들을 함부로 대하는 것을 보고 충격을 받긴 했지만, 신을 믿지 않는 자들이 벌을 받는 거라고 생각했을 뿐이오.

김정복 변호사   왜 그랬습니까?

바스코 발보아   신부님도 우리의 신을 믿지 않는 원주민들은 인간이 아니라고 했으니까요. 거기에 이의를 제기했다가는 파문당할지도 모르는데 어떻게 반박하겠소? 그러니 다들 당연하다고 생각하고 넘어갔지요.

교과서에는

▶ 십자군 원정으로 동방 무역이 활발해지고 향신료, 비단 등 동방의 생산물들이 전해지면서 유럽 인들의 동방에 대한 관심이 높아졌습니다.

파문
신도로서의 자격을 빼앗고 내쫓
는 일을 가리키는 말로, 특히 가
톨릭교에서 공식적으로 행하는
일입니다.

김정복 변호사　　　그랬군요. 여기서 이승 소식은 듣고 계

시죠?

바스코 발보아　　　영혼들이 계속 오니까 이야기는 듣고

있소.

김정복 변호사　　　남녀가 평등하고 공정한 선거로 지도자

를 선출하는 것이 일상화되었습니다. 누구도 반박할 수 없는 제도가

된 것이죠. 증인께서 살아 계실 때 이런 날이 올 줄 알았습니까?

바스코 발보아　　　허허, 꿈에도 생각하지 못했지요.

김정복 변호사   맞습니다. 증인이 살던 때는 왕이 통치하는 시대였고, 남녀 차별이 있었으며, 이교도와의 싸움은 정당했습니다. 증인을 비롯한 에스파냐 정복자들은 그 시대의 기준에서 해야 할 일을 했던 것뿐입니다. 선택의 여지가 있는 문제가 아니었다는 말입니다. 지금의 기준으로 그 시대의 가치관과 상황을 평가하는 것은 잘못된 일입니다.

김정복 변호사의 말이 끝나기가 무섭게 법정 안은 요란한 박수 소리와 비난의 목소리로 가득 찼다.

판사   조용! 조용히 하지 않으면 방청객 모두 퇴장시키겠습니다!

방청석이 간신히 진정되자 판사가 두 변호사를 가까이 불렀다.

판사   두 변호인 모두 앞으로 방청객들을 자극하는 발언은 삼가 주세요. 양측 방청객들이 가뜩이나 흥분해 있는데 변호인들이 부채질을 하면 어떡합니까? 방청객들이 흥분한 관계로 불미스러운 사고가 일어날 수 있으니 오늘 재판은 이걸로 마치도록 하겠습니다.

땅, 땅, 땅!

아스텍 제국도
에스파냐가 점령했다고?

몬테수마 황제

아스텍 제국의 마지막 황제인 몬테수마는 1502년 왕위에 오릅니다. 1440년부터 1468년까지 왕위에 있었던 또 다른 몬테수마 황제와 구분하기 위해 몬테수마 2세라고 부르기도 합니다. 1519년 에르난 코르테스가 이끄는 에스파냐 인들이 나타나자 전설 속의 신 케찰코아틀로 착각해서 반갑게 맞이했다가 포로로 잡혔습니다. 후에 에스파냐 인들의 지배에 반발한 아스텍 인들이 일으킨 폭동을 막다가 돌에 맞아 죽었습니다.

에르난 코르테스

에르난 코르테스는 1484년 카스티야의 귀족의 아들로 태어났습니다. 1504년 콜럼버스가 발견한 히스파니올라 섬으로 왔다가 다시 쿠바로 향했습니다. 성공에 대한 야망으로 불타올랐던 그는 작은 목장을 꾸리는 것에 만족하지 못하고, 1519년 총독인 벨라스케스의 명령을 어기고 다시 원정을 떠납니다. 아스텍 제국을 침략하고 문명을 멸망시킨 그는 1547년 세상을 떠났습니다.

다알지 기자

　　　　　방금 잉카 제국 멸망과 관련된 첫 재판이 예상보다 빨리 끝났다는 소식이 전해졌습니다.

　　　양측 변호인들의 자극적인 발언으로 방청객들이 지나치게 흥분해서 법정이 소란스러워지자, 사고가 날 것을 우려한 판사가 재판을 일찍 끝냈다고 합니다.

　　첫 번째 재판에서 원고 측 증인으로 나온 아스텍 제국의 황제 몬테수마는 에스파냐의 정복자들이 오직 금에 눈이 어두워 학살과 약탈 등 온갖 범죄를 저질렀다고 눈물로 증언했습니다. 반면 피고 측 증인으로 나온 바스코 발보아는 그것이 당시로선 자연스러운 일이었다며 피고 측을 옹호해서 눈길을 끌었습니다. 그럼 양측 변호사를 만나 보도록 하겠습니다.

나인권 변호사

　　피고 측 변호인의 억지스러운 증언 때문에 재판이 제대로 진행되지 않았습니다. 황금과 땅을 빼앗기 위해 그곳 사람들을 닥치는 대로 죽이고 괴롭힌 악행을 시대 탓으로만 돌리다니요! 그것은 정당한 이유도 변명도 될 수 없습니다.

　　자신들이 풍족한 삶을 누리기 위해 다른 사람을 죽이고 물건을 빼앗은 것은 명명백백한 죄입니다. 그것은 어느 시대의 누구라도 마찬가지입니다. 더구나 한 문명을 말살시킨 이들의 중대한 범죄를 이참에 낱낱이 밝혀낼 것입니다.

　　원고와 증인이 당한 참혹한 일 때문에 제가 오늘 재판에서 다소 감정적으로 대처했다는 점은 인정합니다. 하지만 누구라도 에스파냐 인들이 저지른 악행을 알게 되면 울분을 토하지 않을 수 없을 것입니다.

김정복 변호사

사실 오늘 재판은 좀 힘들었습니다. 자신들
이 당한 일 때문에 잔뜩 흥분한 영혼들 앞에서 왜
그런 일이 벌어질 수밖에 없었는지 냉정하게 설명하기란 매우 어려운
일이니까요. 하지만 제 의견은 명확합니다. 에스파냐 인들의 정복은
불가피한 일이었습니다. 물론 그 과정에서 잉카 인들과 아스텍 인들의
피해가 있었습니다. 하지만 정복을 하면서 그 정도의 희생은 어쩔 수
없는 일이 아닙니까? 그리고 그 대가로 에스파냐 인들은 죽은 뒤 패자
들의 마을에 있습니다. 그런데 이제 와서 후세의 잣대로 그 당시의 일
에 대해 이런저런 판단을 하고 평가를 하는 것은 옳지 않다고 봅니다.
오늘 재판에서 하고 싶었던 말이 많았는데 다 하지 못한 것이 아쉬울
뿐입니다.

잉카 인들은 왜 에스파냐 인들을 믿었을까?

1. 잉카 제국은 어떤 나라였을까?
2. 잉카 인들은 왜 에스파냐 인들을 신이라고 생각했을까?
3. 잉카 제국에 전염병이 퍼진 이유는 무엇일까?

교과연계

세계사
V. 지역 세계의 팽창과 세계적 교역망의 형성
  4. 세계 교역의 확장
    (3) 아메리카 문명과 종교

1

잉카 제국은
어떤 나라였을까?

　　두 번째 재판이 시작될 시간이 다가오자 방청객들이 삼삼오오 들어와서 방청석에 자리를 잡았다. 첫날 재판 때처럼 잉카 인들과 에스파냐 인들은 칼로 그은 것처럼 나뉘어 앉아 차가운 표정으로 뜨거운 열기를 뿜어냈다.

판사　　잉카 제국 멸망과 관련된 두 번째 재판을 시작하겠습니다. 전에 말했듯이 양측 변호인은 방청객들을 자극할 만한 발언과 신문을 자제해 주십시오. 오늘은 피고 측부터 진술하겠습니다.

김정복 변호사　　이번 재판의 피고인 프란시스코 피사로의 진술을 듣도록 하겠습니다. 피고야말로 당시의 일에 대해 가장 잘 알고 있는 인물이니까요.

판사 좋습니다. 진행하십시오.

김정복 변호사 네. 먼저 피고는 잉카 제국을 발견하게 된 과정을 간략하게 설명해 주시겠습니까?

프란시스코 피사로 어험, 우선 제가 어렸을 때의 이야기를 하지 않을 수가 없겠군요. 혹시 **에스트레마두라**에 가 본 적이 있나요?

김정복 변호사 아니요. 어떤 곳인가요?

프란시스코 피사로 황량한 곳이지요. 땅이 척박해서 늘 먹을 게 부족했습니다. 그렇다 보니 사람들도 자연히 사나워졌지요.

난 법적으로 인정받지 못한 어머니에게서 태어났기 때문에 집안의 재산이나 도움은 받을 수 없었습니다. 학교에서 제대로 된 교육을 받지도 못해서 글도 알지 못했습니다. 나는 인정받은 적도, 인정받을 일도 없는 처지였어요.

회한에 찬 깊은 한숨과 함께 프란시스코 피사로가 말을 이었다.

프란시스코 피사로 그 무렵 ▶콜럼버스라는 이탈리아 인이 신대륙을 발견했다는 소식을 들었습니다. 더불어 신대륙에 있다는 황금 이야기도 듣게 되었습니다. 어차피 나 같은 처지의 사람은 한평생 돼지나 키우며 손가락질받고 살 수밖에 없었어요. 그래서 나는 운명을 스스로 개척하겠

에스트레마두라
에스파냐 중서부에서 포르투갈에 걸친 지방으로 연교차가 심하고 강수량이 적습니다.

교과서에는

▶ 에스파냐 국왕의 후원을 받은 콜럼버스는 1492년 지구가 둥글다는 믿음에 근거해 대서양을 건너 인도로 가는 길을 개척했습니다. 하지만 이곳은 아메리고 베스푸치에 의해 인도가 아닌 미지의 대륙임이 확인되었고, 그의 이름을 따서 '아메리카'로 명명되었습니다.

아메리카 대륙을 최초로 발견한 크리스토퍼 콜럼버스입니다. 그는 죽을 때까지 자신이 발견한 대륙을 인도라고 믿었습니다.

원정대
탐험, 조사 따위를 위해 먼 곳으로 떠날 목적으로 조직된 무리를 말합니다.

툼베스
에콰도르와의 국경에서 약 60킬로미터 떨어져 있는 군사 도시로 이곳 항구에 피사로가 도착하였습니다.

다고 생각하고 1502년에 신대륙으로 가는 배에 몸을 실었습니다.

김정복 변호사　신대륙에 가서 무엇을 하셨습니까?

프란시스코 피사로　군인이 되었습니다. 내 처지에서 선택할 수 있는 길은 그것밖에 없었어요. 그러다 1513년에 지난번 재판에 증인으로 나왔던 바스코 발보아를 따라 신대륙 탐험에 나서게 되었습니다.

김정복 변호사　오, 그럼 태평양을 최초로 발견한 사람 중 한 명이시군요.

프란시스코 피사로　그렇습니다. 나는 황금이 가득한 나라가 있다고 듣고, 파나마로 돌아와서 몇 년 후에 동료인 알마그로와 함께 원정대를 꾸렸습니다. 그리고 마침내 잉카 인들이 사는 툼베스에 도착했지요.

김정복 변호사　도착한 후 잉카 인들과의 첫 만남은 어땠습니까?

프란시스코 피사로　좋았습니다. 잉카 인들이 우리에게 잘해 주었거든요. 물론 처음 보는 우리를 신기하게 여기고 낯설어하기는 했습니다. 우리도 잉카 제국에 대해 잘 몰랐기 때문에 그들에 대해 조사하고 알아보기 위해 시간을 가졌고요. 그 결과 우리는 일단 에스파냐의 왕에게서 권리를 얻기로 했습니다.

김정복 변호사　권리요?

프란시스코 피사로　네, 잉카 제국을 정복할 수 있는 독점적인 권리

말입니다. 우리는 엄밀하게 이야기해서 에스파냐 왕의 신하나 군인이 아니었습니다. 그곳까지 간 원정대도 내가 개인적으로 돈을 내서 준비했거든요. 원정 대원들도 내가 계약을 맺고 고용했습니다. 요즘 식으로 말하자면 제 사업이었죠. 아무튼 그래서 에스파냐로 돌아가 왕인 카를로스 1세에게서 내가 발견한 그곳을 혼자서 정복할 수 있다는 권리를 얻었습니다. 왕이 서명한 허가서를 받아 들었을 때의 두근거림이 아직도 기억나는군요.

김정복 변호사   그다음에 본격적으로 잉카 제국의 정복을 시작했군요. 그게 언제였습니까?

프란시스코 피사로   1530년 11월에 다시 툼베스로 돌아와 보니 매우 혼란스러워져 있었습니다. 선대 왕인 와이나 카팍이 병으로 죽은 뒤 두 아들인 아타우알파와 와스카르가 왕위를 놓고 서로 전쟁을 하고 있었기 때문입니다.

김정복 변호사   자기들끼리 전쟁을 벌이고 있었군요.

프란시스코 피사로   그렇습니다. 그래서 우리는 잉카 제국의 수도인 ▶쿠스코로 진군해 가면서 동맹군을 모았습니다. 잉카 인들의 지배에 불만을 품은 부족들이 차례차례 합류하면서 세력이 커지던 중 11월 15일 카하마르카에서 아타우알파가 이끌던 잉카 군과 만났습니다.

김정복 변호사   그럼 그다음 날인 11월 16일에 아타우알파를 사로잡은 것인가요?

프란시스코 피사로   맞습니다. 그는 나를 겁주고 자신의

세력을 자랑하기 위해 엄청난 대군을 끌고 왔지만 결국 내가 이겼습니다.

프란시스코 피사로가 만감이 교차하는 표정으로 이야기하자 나인권 변호사가 벌떡 일어났다.

나인권 변호사　판사님! 증인은 그 과정에서 무고한 잉카 인들을 죽인 사실을 말하지 않고 넘어갔습니다.

판사　반대 신문 기회를 드릴 테니까 원고 측 변호인은 잠시만 기다려 주시기 바랍니다.

판사의 제지를 받은 나인권 변호사는 불만에 가득 찬 얼굴로 자리에 앉았다.

김정복 변호사　도착했을 당시 잉카 제국에서 벌어지고 있었던 내전에 대해 좀 더 자세히 말씀해 주시겠습니까?

프란시스코 피사로　말하자면 ▶두 형제가 왕위를 놓고 다투느라 잉카 제국 내부가 혼란에 빠졌고, 우리는 그 틈을 잘 이용했던 것입니다.

당시 잉카 제국의 황제였던 와이나 카팍은 키토에 머물면서 북쪽 땅의 부족민들과 싸우던 도중에 갑자기 전염병에 걸려 죽고 말았지요. 황제가 죽자 아버지와 함께 키토

교과서에는

▶ 16세기에 들어서 잉카 제
국은 제국의 통치권을 다투
는 내분으로 점차 몰락해 갑
니다. 이러한 내란의 시기에
에스파냐 인 정복자 피사로
가 도착한 것이지요.

에 있던 아타우알파와 쿠스코에 머물러 있던 와스카르가 왕위를 놓고 싸움을 벌였습니다. 그 결과 아타우알파가 와스카르를 생포해 이겼다고 들었어요. 그리고 승리한 아타우알파가 쿠스코로 가던 도중에 우리의 소식을 듣고 만나기 위해 카하마르카에 왔지요.

김정복 변호사　　그러니까 피고가 도착하기 전부터 잉카 제국은 이미 평화로운 곳이 아니었군요?

프란시스코 피사로　　하하하. 그들이 전쟁을 모르는 순진하고 평화로운 사람들이라고 생각합니까? 아타우알파는 자신에게 반기를 든 와스카르의 장군을 죽이고 그 두개골로 술잔을 만들어 거기에 술을 따라 마신 사람입니다. 나한테 생포된 뒤 제일 먼저 한 일이 무엇인지 아십니까?

김정복 변호사　　무엇입니까?

프란시스코 피사로　　어머니가 다른 형제인 와스카르를 죽였습니다. 혹시나 자기가 잡혀 있는 동안 다른 음모를 꾸밀지 모른다고 생각했기 때문이지요. 철저하게 자신의 권력만을 생각했던 것입니다.

김정복 변호사　　결국 그 역시 자신의 권력을 위해 형제를 죽였군요.

프란시스코 피사로　　그렇습니다. 제가 잉카 제국을 손쉽게 정복할 수 있었던 것은 저들이 벌인 전쟁과 야만성 때문이었습니다. 잉카 제국은 에스파냐보다 더한 정복 국가였고 저항하는 부족들을 잔인하게 죽였습니다. 그들 역시 정복한 백성들을 괴롭히고 죽였어요. 덕분에 우리가 잉카의 수도인 쿠스코를 공격할 때 잉카 제국의 지배에 불만을 품은 다른 부족들의 도움을 받을 수 있었습니다.

물론 건축물이나 잘 닦은 도로 등 그들 나름의 문명이 있었다는 것은 인정합니다. 하지만 그들은 문자도 없었고 화폐가 무엇인지도 모르는 미개한 부족일 뿐이었습니다.

김정복 변호사 　　아타우알파를 생포한 후에는 어떤 일이 있었습니까?

프란시스코 피사로 　　우리는 잘 지냈습니다. 아타우알파는 자신이 붙잡힌 것에 대해 충격을 받기는 했지만 곧 저와 협상을 했습니다.

김정복 변호사 　　어떤 협상이었습니까?

프란시스코 피사로 　　제가 원하는 것은 황금, 그가 원하는 것은 권력이었습니다. 그래서 그는 제게 황금을 줄 테니 자신을 풀어 달라고 했습니다.

김정복 변호사 　　그러니까 처음부터 그를 죽일 생각은 아니었군요.

프란시스코 피사로 　　그때 제 부하들은 고작 200명도 되지 않았습니다. 그런 우리가 잉카 제국을 정복하기 위해서는 아타우알파의 도움이 필요했습니다. 제가 아타우알파를 포로로 잡았다고 하니까 빛도 안 들어오는 감방에 손발을 묶어 놓고 가둔 줄 아는데 천만의 말씀입니다. 나는 그를 왕으로 대우해 주었고, 그는 나와 함께 있는 동안에도 신하들을 부리며 잉카 제국을 통치했습니다.

김정복 변호사 　　아타우알파가 먼저 황금을 주겠다고 제안했지요?

나인권 변호사 　　이의 있습니다. 아타우알파는 저들이 황금을 좋아하는 것을 알고 살기 위해서 제안한 것입니다. 결코 좋아서 한 제안이 아닙니다.

판사 　　원고 측 변호인! 반대 신문할 기회를 드릴 테니까 기다려 주

십시오.

프란시스코 피사로　흠⋯⋯. 그는 방의 벽에 자신의 키 높이만 한 선을 하나 긋고 그만큼 채울 수 있는 금을 주겠다고 했습니다. 뭐, 시간을 벌려는 속셈이었던 것 같지만 나로서는 거절할 이유가 없었습니다.

김정복 변호사　하지만 결국 아타우알파를 죽이지 않았습니까?

프란시스코 피사로　그건 아타우알파가 탈출하려고 했기 때문입니다. 우리가 그를 사로잡기는 했지만 잉카 제국의 한쪽 끝을 점령했을 뿐이었고, 수만 명의 병사들이 그의 명령을 받고 있었습니다. 그런 상황에서 그를 풀어 주었다가는 우리가 어떻게 될지 불을 보듯 뻔한 일이 아니겠소? 게다가 근방을 살피던 내 병사들이 우리 주위로 잉카 제국의 병사가 접근하고 있다고 알렸습니다. 후에 그 정보가 잘못된 것이었음을 알았지만 당시에는 어쩔 수 없는 선택이었습니다.

난 그를 처형하는 데 반대했지만 동료인 알마그로를 비롯한 다른 사람들의 뜻을 막을 수 없었어요. 그래서 1533년 7월 26일 카하마르카 광장에서 아타우알파를 죽였습니다. 그러고 보니 그를 포로로 잡은 지 꼭 8개월 만이었군요.

프란시스코 피사로의 증언이 이어지는 동안 방청석은 쥐 죽은 듯 조용했다. 잉카 제국의 영혼들은 당시의 기억이 떠올랐는지 눈시울을 적셨다.

김정복 변호사　　　그러니까 오해에서 비롯된 잘못된 판단이었군요?
프란시스코 피사로　　　그렇습니다. 그래서 저는 죽고 나서 제일 먼저 아타우알파의 영혼을 찾아가 미안하다고 말했습니다. 나로서는 어쩔 수 없었던 선택이었다고 말이오.
김정복 변호사　　　말씀 잘 들었습니다.
피고의 답변을 요약하면 다음과 같습니다. 피고가 원정대를 이끌고 도착했을 때 잉카 제국은 내분으로 크게 흔들리고 있는 상태였습니다. 결코 평화롭고 전쟁이라곤 모르는 곳이 아니라, 그들 역시 힘으로 다른 부족을 억누르고 복속시키는 제국이었지요.

　　그리고 피고는 아타우알파를 사로잡은 뒤에도 왕으로 대우해 줬으며 잉카 제국을 통치하도록 허용했습니다. 하지만 불행하게도 잘못된 정보 때문에 그를 처형해야만 했지요. 이상으로 신문을 마치겠습니다.

판사　　수고하셨습니다. 원고 측 변호인, 반대 신문 하시겠습니까?

나인권 변호사　　물론입니다. 우선 질문을 하나 드리겠습니다. 원고를 사로잡을 때 카하마르카 광장에서 무슨 일이 벌어졌습니까?

프란시스코 피사로　　충돌이 있었습니다.

나인권 변호사　　그렇게 짧게 끝내지 말고 정확한 내용을 진술해 주시기 바랍니다.

김정복 변호사　　판사님! 원고 측 변호인은 피고에게 지나친 압박을 주고 있습니다.

판사　　하지만 필요한 질문으로 판단됩니다. 증인은 명확하게 답변해 주세요.

프란시스코 피사로　　흠……. 그러니까 내 부하들이 아타우알파의 병사들을 공격했습니다.

나인권 변호사　　그들을 얼마나 죽였습니까?

프란시스코 피사로　　정확하게 세어 보지는 않았지만 대략 수천 명? 하지만 어차피 우리가 공격하지 않았으면 저쪽에서 공격했을 게 뻔했습니다.

나인권 변호사　　미리 대포와 총을 준비하고 병사들을 준비하지 않

복속
복종하여 붙좇는 것을 뜻하는 말입니다.

앴나요? 그들이 어떤 목적으로 오든 상관하지 않고 무조건 공격하기 위해서 말이죠. 그래서 벽으로 막혀 있는 광장에서 무장하지 않은 사람들을 기습해서 죽이고 원고를 붙잡지 않았습니까?

프란시스코 피사로   그래서 어쨌단 말이오? 아까 말했던 것처럼 우리는 낯선 곳에서 낯선 잉카 인들에게 둘러싸여 있었습니다. 먼저 공격하지 않으면 우리가 죽을 수도 있었습니다.

프란시스코 피사로가 버럭 소리를 질렀다.

나인권 변호사　아까 원고가 자진해서 먼저 황금을 주었다고 말씀하셨는데요. 조건이 있었지요?

프란시스코 피사로　아타우알파는 황금을 줄 테니 자신을 풀어 달라고 했습니다.

나인권 변호사　그래서 원고는 약속대로 금을 주었는데, 피고는 약속을 어기고 그를 죽였지요?

프란시스코 피사로　그건 아까 이야기한 대로 잉카 제국 병사들이 접근해 온다는 정보 때문이었습니다.

나인권 변호사　아까는 잉카 제국을 제대로 통치하기 위해서 원고가 필요하다고 하지 않았습니까? 만약 잉카 제국 병사들이 접근하고 있었다면 피고가 잡아 둔 원고에게 정지하거나 물러나라는 명령을 내리라고 하는 것이 더 효과적이고 합리적이지 않았겠습니까?

프란시스코 피사로　당신처럼 전쟁을 경험해 보지 못한 사람들이나 그런 소리를 하는 거요. 1분 1초가 긴박한데 그런 생각을 할 수 있을 것 같소? 우리의 목숨이 달린 일이었단 말이오.

나인권 변호사　그럼 다시 질문을 드리죠. 원고가 약속한 황금을 주면 풀어 줄 생각은 있었습니까?

　나인권 변호사의 질문에 프란시스코 피사로가 움찔했다.

나인권 변호사　아까 잉카 제국을 쉽게 정복할 수 있었던 이유 중 하나로 잉카 인들의 잔인함과 미개함을 들었습니다. 하지만 증인이 약속을 어긴 것이 이와 다를 것이 무엇이겠습니까?

프란시스코 피사로　　전쟁터에서는 오직 승자와 패자만이 존재합니다. 그 정도의 술수는 기본이지요. 그 상황에서 약속 같은 것을 이유로 그를 죽이지 않았다면 내가 죽었을 것입니다. 아타우알파가 풀려났다면 전력을 기울여서 우리들을 공격했을 것이기 때문입니다.

나인권 변호사　　그렇군요. 그러니까 피고는 처음부터 금을 받아도 아타우알파를 죽일 계획이셨군요?

　　프란시스코 피사로가 아차 하는 표정으로 입을 다물었다. 김정복 변호사가 일어나서 판사에게 항의했다.

김정복 변호사　　판사님! 원고 측 변호인은 피고를 모욕하고 유도 신문을 하고 있습니다.

판사　　인정합니다. 원고 측 변호인은 주의해 주시기 바랍니다.

나인권 변호사　　알겠습니다. 이상으로 반대 신문을 마치도록 하겠습니다.

판사　　피고는 자리로 돌아가셔도 좋습니다.

　　프란시스코 피사로가 잔뜩 인상을 쓴 채 일어나 피고석으로 갔다. 방청석에 있던 에스파냐 인 영혼들이 자리에서 일어나 경의를 표한 반면, 잉카 인 영혼들은 고개를 돌리거나 눈을 감아 버렸다.

판사　　이제 원고 측 증인을 불러서 신문하도록 하겠습니다. 원고 측 증인은 나와 주시기 바랍니다.

2

잉카 인들은 왜 에스파냐 인들을 신이라고 생각했을까?

이번에 나온 증인은 잉카 제국의 원주민이었다. 화려한 치장을 한 젊은 원주민이 증인석에 올라 선서를 했다.

판사　　자리에 앉으셔도 좋습니다. 원고 측 변호인, 시작해 주세요.

나인권 변호사　　간단히 본인 소개부터 해 주세요.

나인권 변호사의 질문에 증인은 부끄러운 듯 고개를 숙이더니 이윽고 담담한 목소리로 말했다.

만코 잉카　　저는 아타우알파 황제가 처형된 뒤 프란시스코 피사로에 의해 잉카의 황제가 된 만코 잉카입니다.

　왜 잉카 제국은 멸망했을까?

나인권 변호사　증인이 본 잉카 제국의 상황에 대해서 설명해 주시겠습니까?

만코 잉카　아버지 와이나 카팍이 갑자기 병으로 돌아가시고 나서 아타우알파 형님과 와스카르 형님이 왕위를 놓고 다퉜습니다. 그리고 아타우알파 형님이 승리하면서 저에게도 위기가 찾아왔습니다. 살아남은 형제들은 잠재적인 경쟁자가 되기 때문이죠.

　아타우알파 형님이 와스카르 형님을 죽였다는 소식이 전해지자 쿠스코를 점령한 아타우알파 형님의 부하가 저를 죽이려고 해서 겨우 도망쳤습니다. 의지할 곳이 없던 저는 쿠스코로 진군하던 프란시스코 피사로를 만나 몸을 맡겼습니다. 그는 아타우알파 형님을 죽이고 제일 큰 형님인 투팍 와이파를 황제로 세웠지만 쿠스코로 오는 중에 몇 달 만에 병으로 돌아가셨습니다.

나인권 변호사　　그래서 피고가 증인을 앞세워서 쿠스코에 입성했나요?

만코 잉카　　네. 우린 어리석게도 그때까지 프란시스코 피사로를 환영했습니다. 아타우알파 형님은 너무 난폭했고 무서웠거든요.

나인권 변호사　　쿠스코에 입성해서 황제가 된 후에 원고와 한동안 잘 지냈죠?

만코 잉카　　처음에 프란시스코 피사로는 음흉한 속마음을 숨기고 저를 잘 대해 줬습니다. 자기들 힘만으로는 잉카를 지배할 수 없다는 걸 알고 더 많은 병사들이 올 때까지 우리들을 속인 거지요.

나인권 변호사　　그러다 점차 속내를 드러낸 건가요?

만코 잉카　　맞습니다. 황금, 황금! 그들은 먹지도 못할 황금을 모으느라 내 백성들을 함부로 대하고 죽였습니다. 신전과 창고를 약탈하고, 귀족들의 장신구까지 빼앗아 갔습니다. 처음에는 환영했던 백성들과 귀족들이 등을 돌리자 그들은 난폭하게 굴었고 살인도 서슴지 않았습니다.

　저는 그들의 목적을 깨닫고 저항하기로 결심했습니다. 에스파냐인들 몰래 군대를 소집했죠. 탈출을 시도하다가 붙잡혀서 곤욕을 치르기도 했지만 결국 쿠스코를 탈출해서 에스파냐 인들을 몰아내기 위한 전쟁을 일으켰습니다.

나인권 변호사　에스파냐 인들이 원하는 황금을 주고 황제의 자리에 있는 게 더 낫지 않았나요?

만코 잉카　그들은 안데스 산맥 전체를 덮은 눈만큼 금을 주었더라도 절대 만족하지 않았을 겁니다. 처음에는 살아남을 수 있고 황제의 자리에 오를 수 있다는 게 좋았습니다. 어차피 그들은 숫자가 적었으니까 원하는 걸 들어주고 나는 제국을 통치하면 된다고 믿었거든요. 하지만 그들의 탐욕은 우리가 감당할 수 있는 수준이 아니었습니다. 그들은 원하는 걸 얻지 못하자 사람들을 죽였습니다.

만코 잉카는 그때의 상황을 떠올리며 눈시울을 붉혔다.

만코 잉카　우리들은 쿠스코가 내려다보이는 요새를 점령하고 그들을 몰아내려고 했습니다. 적지 않은 에스파냐 인들을 죽이고 프란시스코 피사로의 동생인 후안도 죽였지만 우리는 결국 패하고 말았습니다. 그래도 끝까지 싸우기로 마음먹고 숲 속 깊숙이 몸을 숨기려고 빌카밤바로 떠났습니다.

나인권 변호사　일종의 망명 정부 같은 것이군요.

만코 잉카　맞습니다. 저는 그곳을 근거지로 해서 에스파냐 인들에 맞서 싸웠어요. 결국 1572년 6월에 빌카밤바가 함락되고 9월에 제 손자이자 마지막 황제인 투팍 아마루가 처형당하면서 잉카 제국은 막을 내렸죠.

나인권 변호사   아까 피고가 잉카 제국이 멸망한 것은 잉카 인들의 내분과 야만성 탓이라고 주장했습니다. 이에 대해서 어떻게 생각하십니까?

만코 잉카   야만인은 우리가 아니라 저들입니다. 저들은 신을 두려워하거나 자신들의 잘못을 부끄러워할 줄 모르는 자들입니다.

우리가 패한 것은 저들의 무기가 우리보다 강했기 때문입니다. 우리 전사들이 가진 나무 곤봉이나 돌도끼는 저들의 검과 갑옷보다 약했지요. 말이나 총, 대포도 처음 보았습니다.

그리고 처음에 우리는 그들이 신인 줄로만 알았습니다.

나인권 변호사   신이라고요?

만코 잉카   네. 잉카의 전설 중에 비라코차라는 세상을 만든 신이 있습니다. 이 신은 얼굴이 하얗다고 알려져 있어서 처음에 에스파냐 인들이 왔을 때 비라코차라고 착각한 겁니다.

나인권 변호사   그러니까 신이 돌아왔다고 믿은 셈이군요.

만코 잉카   그렇습니다. 저들이 비라코차가 아니라는 것을 알았을 때는 너무 늦었죠. 더군다나 저들은 천연두라는 병까지 우리에게 옮겼습니다. 우리의 위대한

잉카 제국의 중요한 신이었던 비라코차의 모습을 그린 그림입니다. 잉카 인들은 비라코차가 모든 것을 창조했다고 믿었습니다.

황제였던 와이나 카팍도 이 병에 걸려서 돌아가셨습니다. 그분이 살아 계셨다면 가짜 비라코차에게 그렇게 쉽게 나라를 빼앗기지 않았을 겁니다.

나인권 변호사　　그러니까 잉카 인들은 에스파냐 인들을 비라코차라는 신으로 오해했기 때문에 저항하지 못했고, 에스파냐 인들은 잉카 제국이 내전으로 인해 혼란에 빠진 틈을 이용해 침략해 온 것이군요.

만코 잉카　　맞습니다.

나인권 변호사　　이상으로 신문을 마치겠습니다.

판사　　수고했습니다. 피고 측 변호인, 반대 신문 하시겠습니까?

김정복 변호사　　네. 증인, 피고가 잉카 제국을 공격할 당시 적지 않은 잉카 인들이 이에 가담했죠? 그들이 왜 그런 행동을 했던 겁니까?

만코 잉카　　무슨 뜻으로 이야기하는지 알겠습니다. 우리의 지배에 불만을 품은 자들이 가담한 것을 가지고 말하려는 모양이군요. 물론 우리의 지배가 완벽했다고 자부하지는 않습니다만 에스파냐 인들만큼 가혹하지는 않았습니다.

김정복 변호사　　그렇게 말씀하시지만, 지배를 받는 입장에서는 잉카 인이나 에스파냐 인이나 별 차이를 못 느꼈을 겁니다. 그리고 잉카 제국 역시 주변 부족들을 공격해서 통치하지 않았습니까? 반항하는 부족들은 집단으로 살육하거나 노예로 팔아 버리기도 했고요.

만코 잉카　　인정합니다. 하지만 우리의 통치는 에스파냐 인들보다 단연코 나았습니다. ▶우리는 백성들이 농사를 지을 수 있게 수로와 계단식 농경지를 만들어 줬고, 흉년이 들어서 먹을 것이 없으면 다른 지역의 식량을 보급해 굶주림을 해결해 주었습니다. 하지만 에스파냐 인들은 오직 황금에만 눈이 멀어서 내 백성들을 노예로 취급했습니다.

김정복 변호사　　하지만 모든 땅은 나라 소유였고, 잉카 제국의 백성들은 사유 재산이 없었지 않습니까? 피고의 편에 서서 잉카와 맞서 싸운 원주민들이 많았다는 건 잉카

교과서에는

▶ 잉카 문명에서는 계단식 농법과 인공적인 관개 수로를 이용해 농작물을 경작하였습니다. 또한 각 지방은 특산물을 상호 교환하였습니다.

제국의 지배가 가혹했다는 증거가 아닐까요?

만코 잉카　　저 역시 프란시스코 피사로의 말에 속아서 꼭두각시 황제 노릇을 한 적이 있었습니다. 누구든 실수할 수 있는 것입니다.

만코 잉카가 자신 없는 목소리로 대꾸했다.

김정복 변호사　　피고를 비롯한 에스파냐 인들을 비라코차라고 믿었다고 하셨는데요. 증인은 피고에 맞서 싸우기 전에 3년이나 그들과 함께 지냈습니다. 그들이 신이 아니라 자신과 똑같은 인간이라는 사실을 알아차리기에는 넉넉한 기간인데요. 안 그렇습니까?

만코 잉카　저로서는 처음 보는 외지인이었습니다. 그들이 신이 아니라고 쉽게 단정할 수 없었습니다.

김정복 변호사　그보다는 황제의 자리를 지키고 싶어서 모르는 척한 것이 아닌가요?

김정복 변호사의 질문에 만코 잉카가 머뭇거리자 나인권 변호사가 자리를 박차고 일어났다.

나인권 변호사　판사님! 피고 측 변호인은 지금 증인을 모욕하고 있습니다.

김정복 변호사　사실을 확인하기 위해 질문하고 있는 겁니다.

판사　피고 측 변호인이 계속 신문하는 것을 허락합니다. 하지만 피고 측 변호인도 질문에 주의해 주시기 바랍니다.

김정복 변호사　감사합니다. 그럼 질문을 좀 바꿔 보겠습니다. 증인이 쿠스코에서 황제의 자리에 있는 동안 다툼이 벌어졌죠?

만코 잉카　맞습니다. 제 형제들과 사촌들이 황제의 자리를 노렸습니다.

김정복 변호사　들리는 소문에는 에스파냐 인들의 손을 빌려서 형제인 아톡 소파를 살해했다고 하던데요.

만코 잉카　어쩔 수 없었습니다. 그냥 두면 그가 무슨 짓을 저지를지 몰랐으니까요.

만코 잉카가 더듬거리며 대답하자 김정복 변호사는 어깨를 으쓱거렸다.

정적
정치에서 대립되는 처지에 있는 사람을 가리키는 말입니다.

김정복 변호사　어쨌든지 전 황제를 죽인 자들과 손잡고 정적을 죽인 것은 사실이지요? 피고는 그런 상황을 잘 이용했던 것이고요.

판사님, 분명하게 말씀드릴 수 있는 것은, 잉카의 지배층은 에스파냐 인들이 쿠스코에 들어온 뒤에도 한동안 권력 투쟁을 벌였다는 겁니다. 이것은 그들이 속임수에 넘어간 피해자가 아니라는 점을 분명하게 보여 줍니다. 이상으로 신문을 마치겠습니다.

판사　증인은 돌아가셔도 좋습니다.

불만에 가득 찬 표정으로 만코 잉카가 자리에서 일어났다. 법정을 나서는 만코 잉카의 뒷모습에 눈길을 주던 판사가 시계를 보았다.

판사　벌써 시간이 이렇게 흘렀군요. 피고 측이 신청한 증인이 없으니까 원고 측이 신청한 증인을 부르도록 하겠습니다.

3

잉카 제국에 전염병이 퍼진 이유는 무엇일까?

이번에 들어선 증인은 커다란 왕관을 쓰고 엄숙한 표정을 한 잉카 제국의 원주민이었다.

나인권 변호사 이렇게 와 주셔서 감사합니다. 증인은 빌카밤바에 세워진 망명 정권의 황제이셨죠?

티투 쿠시 네. 프란시스코 피사로가 죽은 뒤 형님인 사이리 투팍이 황제의 자리를 잇게 됩니다. 전 형님이 돌아가시고 나서 황제의 자리를 계승하였습니다.

나인권 변호사 증인은 에스파냐 인들의 침입과 약탈을 목격했습니다. 피고 측은 잉카 제국의 몰락을 내부의 분쟁과 야만성 탓으로 돌리는데 이에 대해서 어떻게 생각하십니까?

티투 쿠시　말도 안 되는 소리입니다. 우리 내부에 문제가 있었다면 잉카 백성들이 에스파냐 인들의 지배에 반기를 들 리 없었겠죠.

나인권 변호사　반기요?

티투 쿠시　네. 아버지가 쿠스코를 함락하는 데 실패한 이후에도 잉카 전역에서 에스파냐 인들의 지배에 저항했습니다. 저들은 어린 아이와 노약자를 비롯한 힘없는 백성들을 죽이며 저항을 잠재웠죠. 그리고 에스파냐 인들이 잉카 제국을 그토록 손쉽게 점령할 수 있었던 것은 천연두 때문이었습니다.

나인권 변호사　와이나 카팍 황제의 목숨을 앗아 간 그 병 말씀이신가요?

티투 쿠시　네. 에스파냐 인들이 퍼트린 그 전염병이 잉카 제국을 몰락시킨 주범입니다.

나인권 변호사　좀 더 자세하게 설명해 주십시오.

티투 쿠시　잉카 제국을 원주민들 중에서 힘센 사람이 주먹구구식으로 통치하는 부족 국가쯤으로 생각하는 사람들이 많은데 천만의 말씀입니다. ▶잉카 제국은 황제를 중심으로 정교한 통치 시스템을 가진 나라였습니다. 혹시 차스키를 아십니까?

나인권 변호사　아뇨, 처음 듣습니다.

티투 쿠시　잉카 제국 전역에 퍼져 있던 전령들을 가리키는 말입니다. 대략 3킬로미터 간격으로 배치되어 릴레이식으로 소식을 전했죠. 그뿐이 아닙니다. ▶▶에스파냐 인들은 우리들을 바퀴나 수레를 쓸 줄 모르는 야만인이라고 비웃었지만 대신 잘 닦은 도로를 가지고 있었지요.

　이런 정교한 시스템이 돌아가려면 왕권이 안정되어야만 합니다. 그런데 전염병이 기승을 부리면서 황제를 비롯한 수많은 사람들이 목숨을 잃었죠. 아마 에스파냐 인들과 전쟁을 하며 죽은 사람들보다 더 많은 사람들이 죽었을 겁니다.

나인권 변호사　잉카 제국의 엄청난 재앙이 되었군요.

티투 쿠시　네. 따지고 보면 와이나 카팍 황제가 갑자기 이 병으로 죽는 바람에 제국 전체가 혼란에 빠진 거죠. 엎

　왜 잉카 제국은 멸망했을까?

친 데 덮친 격으로 와이나 카팍 황제가 죽기 직전에 후계자로 지명한 니난 쿠요치도 같은 병으로 숨을 거두고 말았습니다. 왕과 후계자가 잇달아 사망하면서 제국 전체가 혼란에 빠졌고, 결국 내전으로 이어지고 말았지요.

나인권 변호사　말씀 잘 들었습니다. 아까 피고 측 변호인은 에스파냐 인들이 비라코차가 아닌 것을 잉카 인들이 금방 깨달았지만 자신들의 권력 투쟁을 위해 모르는 척 눈을 감았다고 했습니다. 사실인가요?

티투 쿠시　에스파냐 인들이 오기 전에 우리는 잉카 제국이 세상의 전부이자 중심이라고 믿었습니다. 우리들이 받은 충격이 어느 정도였을지 짐작이 가십니까? 당시 에스파냐 인들의 침입은 유럽으로 치면 흑사병으로 사람들이 한참 죽어 나가고 있을 때 몽골군이 쳐들어온 것과 마찬가지였습니다.

　그 두 위기가 겹쳤다면 과연 유럽이 버틸 수 있었을까요? 물론 에스파냐 인들을 권력 투쟁의 수단으로 이용했다는 사실을 부인하지는 않겠습니다. 저 역시 빌카밤바에서 항복하라는 에스파냐 인들과 협상을 했으니까요. 하지만 우리는 어디까지나 저 에스파냐 인들에게 이용당했을 뿐입니다.

나인권 변호사　말씀 잘 들었습니다. 이상으로 신문을 마치겠습니다.

판사　수고하셨습니다. 피고 측 변호인, 반대 신문 하시겠습니까?

김정복 변호사　네. 증인의 이야기를 듣다 보니 몇 가지 궁금한 점이 생겼습니다. 우선 잉카의 멸망 이유를 전염병 탓으로 돌리셨는데요.

흑사병
급성 전염병으로 오한, 고열, 두통에 이어 권태, 현기증이 일어나며 의식이 흐려져 죽음에 이르게 됩니다. 페스트라고도 부르지요.

정확하게는 와이나 카팍 황제와 후계자가 갑자기 사망하면서 두 형
제 간에 내전이 벌어졌기 때문이라고 말입니다.

티투 쿠시　　맞습니다.

김정복 변호사　　그럼 와이나 카팍 황제가 병으로 죽지 않았다면 잉
카가 건재했을 것이라고 생각하십니까?

티투 쿠시　　당연합니다. 에스파냐 인은 잉카 제국을 넘보지 못했을
것입니다.

김정복 변호사　　하지만 황제 역시 그들을 비라코차로 여기지 않았
을까요?

티투 쿠시　　금방 눈치를 채고 물리치셨겠지요.

김정복 변호사　　아까 증인으로 나온 만코 잉카가 쿠스코의 에스파냐 인들을 포위하고 공격했을 때 에스파냐 인들은 고작 200명도 되지 않았습니다. 반면 만코 잉카가 이끄는 잉카군은 그보다 수가 훨씬 많았습니다. 잉카 군사의 숫자가 아무리 많아도 에스파냐군을 물리치지 못했던 것이죠. 와이나 카팍 황제가 살아 있었던들 과연 이길 수 있었을까요?

티투 쿠시　　그것은…….

　대답하려던 티투 쿠시가 당혹스러운 눈길로 아타우알파를 바라보며 머뭇거렸다.

김정복 변호사　　소수의 에스파냐 인들이 잉카를 정복할 수 있었던 이유를 전염병이나 에스파냐 인들을 신으로 착각한 탓으로 돌리는 건, 보라는 달은 안 보고 그걸 가리키는 손가락을 보는 것과 마찬가지입니다. 그렇다면 검이나 갑옷, 말이나 화약 무기 때문일까요? 물론 그것도 맞습니다만, 진짜 승리할 수 있었던 이유는 프란시스코 피사로를 비롯한 원정대를 그 먼 곳까지 보낼 수 있었던 에스파냐의 능력과 의지에 있습니다. 잉카 인들이 자신들의 나라 밖에 뭐가 있는지 알지도 못하고 관심도 없는 동안 에스파냐는 원정대를 보내고 식민지를 개척했습니다.

티투 쿠시　　에스파냐 인들이 강하고 그들의 나라가 부강하다는 것은 저도 인정합니다. 하지만 그것이 다른 나라를 침략해도 된다는 것을 의미하지는 않습니다.

김정복 변호사　　잉카 제국 역시 파차쿠티 황제 때부터 주변 부족들을 점령하면서 영토를 넓히지 않았습니까? 자신들의 지배가 온건했다고 주장하지만 피고 편에 선 수많은 원주민들은 그렇게 생각하지 않았던 모양입니다.

　　김정복 변호사의 말에 티투 쿠시의 얼굴이 붉게 달아올랐다. 지켜보던 나인권 변호사가 자리에서 일어났다.

나인권 변호사   판사님! 피고 측 변호인이 고의적으로 제 증인을 모욕하고 있습니다.

판사   인정합니다. 피고 측 변호인은 증인을 모욕하는 발언을 삼가 주세요.

김정복 변호사   알겠습니다. 어쨌든 잉카 인들 역시 에스파냐처럼 정복 국가였다는 점을 분명히 말씀드리고 싶습니다. 국가 간 관계의 기본 원칙은 약육강식입니다. 힘센 자가 약한 자를 지배하는 것은 지금도 통용되는 법칙이죠.

잉카 제국도 그 원칙에 따라서 주변 부족들을 복속시켰고, 에스파냐 역시 바다 건너 멀리 잉카 제국까지 원정대를 보냈던 것입니다. 누가 옳고 그르다고 할 문제가 아니고, 전염병 평계를 댈 이유도 없습니다. 이상으로 신문을 마치겠습니다.

티투 쿠시가 자리에서 일어나 밖으로 나간 뒤 판사가 말했다.

판사   두 번의 재판을 통해 에스파냐가 침략한 이유 및 잉카 제국이 멸망한 과정과 원인에 대해 알아보았습니다. 마지막 재판에서는 잉카 제국의 멸망이 후대에 미친 영향에 대해서 살펴보고자 합니다. 오늘 재판은 이것으로 마치도록 하겠습니다.

땅, 땅, 땅!

중세 시대의 전염병

천연두

유럽 인들이 퍼트린 천연두는 오랫동안 고립된 생활을 해 온 아메리카 대륙의 원주민들에게는 치명적이었습니다. 마마라고도 불리는 이 병은 사망률이 높았는데, 잉카 제국의 거미줄처럼 퍼져 있는 교역로를 따라 빠른 속도로 전파되었습니다. 아스텍 제국의 수도인 테노치티틀란의 거주민들 중 절반이 이 병으로 사망했고, 황제인 쿠이틀라우악 역시 이 병에 걸려 목숨을 잃었죠. 잉카 제국에서도 키토에 머물고 있던 와이나 카팍 황제와 장군들 다수가 이 병을 앓다가 죽었습니다. 황제의 갑작스러운 죽음과 계승을 둘러싼 분쟁은 아스텍 제국과 잉카 제국이 멸망하는 단초가 되었죠.

흑사병

쥐를 통해 전염되는 흑사병은 14세기 중반 유럽을 강타하면서 많은 사망자를 냈습니다. 오늘날 학자들은 대략 2500만 명에서 3500만 명 정도가 이 병으로 사망한 것으로 추정합니다. 아시아 지역에서 전파된 것으로 알려진 흑사병은 당시 활발하게 상업 활동을 하던 상인들을 통해 유럽 전역으로 전파되었습니다. 흑사병의 창궐로 노동할 수 있는 인구가 많이 줄어들었기 때문에 농업에 의존하던 중세의 경제 체제가 붕괴되었고 이로 인해 근대화가 촉진되었다고 보기도 합니다.

다알지 기자

안녕하십니까. 역사공화국 법정 소식을 전해 드리는 법정 뉴스의 다알지 기자입니다. 방금 재판이 끝났다는 소식이 들어왔는데요. 오늘 재판에서 양쪽은 잉카 제국의 멸망 원인을 두고 치열한 법정 공방을 펼쳤다고 합니다.

먼저 증언에 나선 피고 프란시스코 피사로는 잉카 인들이 다른 부족을 힘으로 정복했던 잔인한 종족이며 내전으로 인해 흔들리던 상태였기 때문에 손쉽게 점령할 수 있었다고 말했습니다. 이에 원고 측 증인으로 나온 만코 잉카는 에스파냐 인들을 전설 속에 나오는 비라코차로 오해했기 때문에 제대로 싸워 보지 못하고 패배했다고 반박했습니다. 뒤이어 나온 티투 쿠시 역시 에스파냐 인들이 퍼트린 천연두 때문에 왕을 비롯한 많은 사람들이 쓰러져 버려서 에스파냐의 침략에 속수무책으로 당했다고 주장했고요.

오늘 재판의 원고와 피고를 만나 생생한 심경을 들어 보도록 하겠습니다.

아타우알파

거듭 말씀드렸듯이 참담한 심정일 뿐입니다. 저의 어리석음 때문에 잉카 제국이 멸망하고 수많은 백성들이 죽어 간 것을 생각하면 죽어서도 편히 눈을 감을 수 없습니다. 더군다나 오늘 재판에서 피사로는 자신의 잘못을 뉘우치기는커녕 정당함을 주장하며 오히려 저희 탓을 하더군요! 정말 뻔뻔하고 부끄러움을 모르는 자입니다. 분명 나라가 혼란스럽기는 했지만, 그것은 어느 나라의 어느 시대에나 있음직한 일입니다. 피사로만 오지 않았으면 잉카 제국은 그렇게 멸망하지 않았을 것입니다.

왜 잉카 제국은 멸망했을까?

프란시스코 피사로

아타우알파를 비롯한 잉카 인들은 자신들의
무지함과 야만성은 생각하지도 않고 무조건 저희 탓
만 하더군요. 잉카 제국이 정말로 훌륭한 나라였다면 그렇게 쉽게 무
너졌겠습니까? 아닙니다. 그들은 이미 금이 가 있는 계란 같은 상태여
서 조금만 건드려도 깨졌던 것입니다. 그런 것은 생각하지도 않고 자
꾸 감정에 호소하며 남의 탓만 하니까 이성적인 저로서는 참으로 답답
할 따름입니다.

고대 문명의 흔적

마야의 꿈

1세기 이후 마야 인들은 중앙아메리카의 유카탄 반도에서 문명을 탄생시켰습니다. 이것이 바로 마야 문명인데, 다른 문명과 달리 사람이 살기 힘든 열대 밀림에 도시를 세우고 여러 부족들이 도시 국가 형태를 이루고 산 것이 특징입니다. 마야 인들은 수학과 천문학에 뛰어났으며 막대기와 점 모양으로 숫자를 나타냈다고 전해집니다.

이런 마야 인들을 표현한 작품이 바로 이 〈마야의 꿈〉입니다. 작자가 알려져 있지 않은 조각 작품으로, 돌에 세밀하게 조각하여 인물의 복장이나 건축물의 화려함이 드러나 있습니다.

아스텍 형식의 장식

이 작품은 1878년 만국 박람회와 관련된 그림을 많이 남긴 알프레드 보두아이에의 것입니다. 만국 박람회는 새로운 물건을 전시하는 행사로 국가 간에 경쟁적인 자리였지요.

1878년의 만국 박람회는 프랑스 파리에서 열렸는데, 이 중 중앙아메리카관과 남아메리카관에 이러한 아스텍 형식의 장식이 있었음을 이 그림을 통해 알 수 있습니다.

아스텍 제국은 1300년경에 마야 문명을 계승하여 탄생했으며, 멕시코 중부의 텍스코코 호수 가운데 섬들을 연결해 '신이 머무는 곳'이라는 뜻의 거대한 도시 테노치티틀란을 건설할 정도로 기술이 뛰어났습니다.

잉카 제국의 멸망 후
무엇이 바뀌었을까?

1. 시대의 흐름은 어떻게 바뀌었을까?
2. 원주민들은 어떤 대접을 받았을까?

교과연계

역사
IX 교류의 확대와 전통 사회의 발전
4. 유럽의 신항로 개척과 절대 왕정
(1) 유럽이 새로운 항로를 개척하다

시대의 흐름은
어떻게 바뀌었을까?

마지막 재판이어서 법정 안은 앞선 두 번의 재판보다 더 많은 사람들로 북적거렸다. 경위들이 땀을 뻘뻘 흘리며 질서를 잡느라 애쓰는 가운데 판사가 재판의 시작을 알렸다.

판사　오늘 재판에서는 잉카의 멸망이 후대에 어떤 영향을 미쳤는지에 대해서 집중적으로 논의해 보겠습니다. 그런데 오늘 증언할 증인들은 이번 재판과 어떤 관계가 있지요?

김정복 변호사　아메리카 원주민들을 어떻게 대우해야 할지에 대해 토론한 바야돌리드 논쟁의 중요한 인물이 증인으로 와 계십니다.

판사　그렇군요. 그럼 피고 측부터 시작하시지요.

완고해 보이는 얼굴의 증인이 느릿느릿 걸어 나와서 선서한 뒤 증인석에 앉았다.

김정복 변호사　증인께선 먼저 간단하게 본인 소개를 해 주세요.

후안 히네스 데 세풀베다　저는 신학자 후안 히네스 데 세풀베다입니다. 이탈리아에서 법학을 공부했고, 고대 그리스 철학자인 아리스토텔레스의 글을 번역했죠. 에스파냐 국왕이신 펠리페 2세의 교육을 맡기도 했습니다.

김정복 변호사　증인께서는 바야돌리드 논쟁에 참가하셨죠?

후안 히네스 데 세풀베다　맞습니다. 오래전 일인데 어제 일처럼 생생하게 기억나는군요.

김정복 변호사　먼저 바야돌리드 논쟁이 어떻게 시작되었는지 말씀해 주시겠습니까?

후안 히네스 데 세풀베다　제가 『제2의 데모크라테스 혹은 전쟁의 정당한 이유에 관하여』라는 책을 썼는데 도미니크 수도회에서 내용이 위험하다며 출간을 허락하지 않았습니다. 저는 납득할 수 없어서 항변했지요. 결국 에스파냐 군주인 카를로스 5세가 교황청과 함께 제 책의 출간 여부를 포함해 신대륙 원주민들을 어떻게 대해야 하는가에 대한 토론을 벌이기로 결정하셨습니다. 카스티야의 바야돌리드에서 토론이 벌어졌기 때문에 '바야돌리드 논쟁'이라는 명칭이 붙었습니다.

저는 에스파냐의 신대륙 정복과 지배가 정당하다고 믿었고, 바르

인신 공양
'인신'은 '사람의 몸'을 가리키
는 말이고, '공양'은 '죽은 이의
영혼에게 음식, 꽃 따위를 바치
는 일 또는 그 음식'을 일컫는
말입니다.

톨로메 데 라스카사스 수사는 원주민들을 노예처럼 부리
는 것에 대해 반대했습니다.

김정복 변호사　　지금 기준으로 본다면 원주민들을 노예
로 부리는 것은 범법 행위가 아닙니까?

후안 히네스 데 세풀베다　　그렇지요. 그리고 제가 살았던
시대에도 원주민들을 가혹하게 다루는 것은 법을 어기는 일이었죠.
카를로스 5세가 '서인도 제도에 관한 새로운 법률'을 제정하셨기 때
문입니다.

김정복 변호사　　증인은 저처럼 법률을 전공하신 것으로 알고 있는
데 왜 원주민들의 인권에 대해서는 부정하셨습니까?

후안 히네스 데 세풀베다　　거기엔 복잡한 속사정이 있어요. 물론 당
시에 제가 했던 주장들이 보편적인 평등사상에 위배된다는 것은 잘
압니다. 하지만 제가 살던 시대를 기준으로 해서 문제를 보아야지,
인권 사상이 발전한 지금을 기준으로 삼는 것은 부당합니다.

김정복 변호사　　그렇긴 하군요. 괜찮으시다면 당시 증인의 주장에
대해서 간략하게 소개해 주시겠습니까?

후안 히네스 데 세풀베다　　일단 우리들 기준으로 당시 신대륙 원주
민들에겐 도저히 인간이라고 볼 수 없는 부분들이 많았습니다. 대표
적인 게 인신 공양이었죠.

김정복 변호사　　사람을 제물로 바친다는 말씀이신가요?

후안 히네스 데 세풀베다　　그것도 한두 명이 아니었습니다. 아스텍
제국의 경우 며칠에 걸쳐 몇 만 명을 죽여 신에게 제물로 바쳤죠. 에

르난 코르테스를 따라간 원정 대원이 아스텍 제국의 신전에서 10만
개가 넘는 유골을 발견한 적이 있어요.

그의 증언에 법정 안이 크게 술렁거렸다. 잠시 뜸을 들인 뒤 후안
히네스 데 세풀베다가 다시 입을 열었다.

후안 히네스 데 세풀베다　그뿐이 아닙니다. 그렇게 죽인 인간들을
먹기도 했답니다. 우리가 저들을 인간으로 보지 못했던 이유를 이해

하시겠습니까?

김정복 변호사　　그게 사실이라면 꽤 충격적인데요.

후안 히네스 데 세풀베다　　에르난 코르테스가 아스텍 제국의 수도 테노치티틀란을 공격할 때 틀락스칼라를 비롯한 주변 부족들이 합류했습니다. 인신 공양의 제물이 되느니 우리들에게 가담하기로 했던 것이죠.

잉카 인들은 아스텍 인들만큼 인신 공양을 하지는 않았지만 인간을 제물로 바치는 일을 꺼리지는 않았습니다.

무엇보다도 중요한 것은 인간이 모두 평등해야 한다는 전제 조건이 틀렸다는 점입니다.

김정복 변호사　　하지만 인간 평등사상은 불변의 진리로 받아들여지고 있는데요.

후안 히네스 데 세풀베다　　물론 인간 자체는 평등하겠지요. 하지만 혈통이나 능력에 따라서 지배하는 자와 지배받는 자로 나뉘는 것 역시 불변의 법칙입니다. 다만 예전에는 혈통이 중시되었다면 지금은 개인의 능력이 더 중요한 요소가 되었다는 정도겠죠.

똑똑한 사람이 돈을 많이 벌고 높은 지위에 올라가는 게 당연하다면, 왕의 아들이 다음 왕이 되었던 당시의 현실 역시 인정해야 하지 않겠습니까? 같은 맥락에서 강대하고 문명화된 국가가 약한 국가를 지배한 것 또한 이해해야 합니다. 에스파냐의 신대륙 정복은 이러한 현실을 알리면서 세계 질서를 정리한 것이었지요.

잠자코 듣고 있던 나인권 변호사가 자리에서 벌떡 일어났다.

나인권 변호사   판사님! 증인은 지금 말도 안 되는 궤변으로 재판의 본질을 흐리고 있습니다!

판사   이의를 기각합니다. 증인은 계속해 주세요.

후안 히네스 데 세풀베다   에르난 코르테스와 프란시스코 피사로는 불과 수백 명의 병사들을 이끌고 수백, 수천만의 원주민들을 정복했습니다. 이것만큼 힘의 우위를 극명하게 드러낸 것이 어디에 있습니까? 천연두라는 전염병 탓에 패배했다고요? ▶유럽은 흑사병이 휩쓸고 지나가 인구의 3분의 1을 잃었을 때에도 건재했습니다.

물론 에스파냐 정복자들이 원주민들을 가혹하게 대했다는 점은 인정합니다. 하지만 그런 부분적인 면을 놓고 이 문제 전체를 판단할 수는 없습니다. 우리들이 보기에 그들은 인간이라고 볼 수 없을 정도로 기괴하고 잔인한 행동을 했고, 기독교를 받아들이는 것을 거부했습니다. 우린 전쟁을 벌여서 그들을 정복했고 우리의 기준에 맞게 통치했습니다. 혹시 레케리미엔토라는 말을 들어 보셨습니까?

김정복 변호사   아뇨. 그게 뭔가요?

후안 히네스 데 세풀베다   에스파냐의 지배가 정당하고 합법적이라는 교황 알렉산데르 6세의 선언문입니다.

레케리미엔토

정복 전쟁을 벌이기 전에 원주민들에게 에스파냐 왕에게 평화적으로 복속될 것인지 아니면 이를 거부할 것인지를 결정하도록 강요하는 문서였습니다. 이 문서에는 "당신들이 진심으로 에스파냐 군주와 정복자들에 대해 의무 사항을 이행한다면 사랑으로 영접하겠다. 하지만 만약 이를 이행치 않거나 악의적으로 지체한다면 하느님의 도움을 받아 가능한 모든 방법을 동원하여 당신들과 전쟁을 해서 당신들과 그 가족을 노예로 삼고 때로는 이들을 팔아 버릴 것이다"라고 명기되어 있습니다.

교과서에는

▶ 14세기 중반에는 유럽의 인구가 약 1억 명 정도 되었지만, 1347~1350년에 발생한 흑사병 때문에 유럽 사람 2500만 명 정도가 죽음을 맞게 됩니다.

김정복 변호사　　대대로 그 땅에서만 살아 온 원주민들에게 낯선 에스파냐 어 선언문이 지나쳐 보이기는 합니다만……

후안 히네스 데 세풀베다　　저 역시 법률을 공부했습니다. 하지만 제가 살던 시대에는 어떤 법도 타국에 대한 침략과 확장을 규정짓고 판단하지 않았습니다. 레케리미엔토는 에스파냐 나름대로 정당성을 갖추기 위한 노력이었습니다. 이 문제를 가지고 자꾸 이야기하는 사람들에게 저는 이런 질문을 되돌려주고 싶습니다. 그렇다면 아스텍 제국이 주변 부족들을 공격하고 포로들을 인신 공양한 것은 어떤 법에 의한 것인지, 잉카 제국이 멀리 키토의 북쪽에 있는 부락들을 점령하고 통치한 것은 어떤 정당성을 가지고 있는지 말입니다.

그들 역시 우리처럼 정복했고 점령했습니다. 그러다 더 강력한 우리들에게 패배하고 복속된 것이지요. 그들이 다른 부족들에게 그랬던 것처럼 말입니다. 인권이나 평등이라는 말은 사회에서나 통용되는 규칙입니다. 약육강식이 유일한 규칙인 나라 간의 관계에서는 적합하지 않은 말입니다. 우리에게는 말이 있었고, 강철로 만든 갑옷과 무기가 있었습니다. 화약 무기도 가지고 있었지요. 그들은 아무것도 가지고 있지 않았습니다. 아무리 사람 숫자가 많아도 패할 수밖에 없었지요.

문명화된 우리가 미개한 그들을 지배한 것은 법률로 따질 수 있는 문제가 아닙니다. 그것은 국가 간 힘의 차이에서 온 현실이지요.

김정복 변호사　　그러니까 ▶에스파냐의 잉카 지배는 국가

간 힘의 차이에서 비롯된 엄연한 현실로 봐야 한다는 말씀이군요.

후안 히네스 데 세풀베다   그렇습니다. 저와 논쟁을 벌였던 바르톨로메 데 라스카사스 수사는 원주민들의 인권 문제를 들어 에스파냐의 신대륙 지배가 부당하다고 주장했습니다만, 제 입장에서는 두 가지는 아무 연관이 없는 별개의 문제입니다. 원주민 인권 문제에 대한 바르톨로메 데 라스카사스 수사의 의견이 옳다고 해도 그걸 바탕으로 통치가 정당하지 못하다고 주장하는 것은 맞지 않습니다.

열변을 토한 후안 히네스 데 세풀베다는 물을 마시고 잠시 숨을 고른 뒤 다시 말을 이었다.

후안 히네스 데 세풀베다   그리고 그런 논쟁이 벌어진 데에는 숨겨진 이유가 하나 더 있습니다.

김정복 변호사   숨겨진 이유요?

후안 히네스 데 세풀베다   바야돌리드에서 토론을 벌이라고 명령한 것은 에스파냐 국왕 카를로스 5세이지만 토론을 주관한 것은 교황청이었습니다. 신도들을 늘려야 하는 교황이나 교황청 입장에서는 원주민들은 아주 매력적인 포교 대상이었죠.

사실 바야돌리드 논쟁 이전에도 교황청은 여러 번 원주민들이 '인간'이니까 인간적으로 대우해 줘야 한다고 발표했어요. 그리고 또

포교
종교를 널리 펴는 것을 말하며, 여기서는 자신의 종교를 알려서 믿게 한다는 의미로 해석할 수 있습니다.

하나, 에스파냐의 카를로스 5세도 이 문제에서는 교황청과 같은 입장이었습니다. 물론 목적은 달랐지만요.

김정복 변호사 왕도 교황청과 입장을 같이한 이유가 뭡니까?

후안 히네스 데 세풀베다 엥코미엔다 제도 때문이지요. 사실 에스파냐에 머물고 있는 왕의 권력은 신대륙까지 미치지 못했습니다. 특히 신대륙의 에스파냐 인들이 원주민들과 같이 토지를 세습할 수 있게 되면서 왕의 권위는 차츰 무시당했죠.

프란시스코 피사로의 이복동생인 곤살로 피사로처럼 왕이 보낸 총독을 살해하고 반란을 일으키는 일도 발생했습니다. 카를로스 5세는 온화하신 분으로 백성들이 고통 받는 것을 좋아하지 않으셨어요. 더불어 엥코미엔다같이 왕의 권력을 제한하는 제도도 좋지 않게 보셨습니다. 바야돌리드 논쟁은 사실상 이미 결정된 문제를 놓고 토론을 벌인 것이나 다름없었지요.

김정복 변호사 그런 이유 때문에 바야돌리드 논쟁에서 패배하신 것이군요.

김정복 변호사의 동정적인 시선에 증인은 대수롭지 않다는 표정으로 대답했다.

후안 히네스 데 세풀베다 원래 사람들은 현실보다는 꿈과 이상에 더 관심을 가지는 법이니까요. 전 현실주의자입니다. 패배할 줄 알았더라도 나는 논쟁을 벌여야만 했습니다. 만약 바르톨로메 데 라스카사스 수사의 주장대로 우리가 잉카 제국과 아스텍 제국을 원주민에게 돌려주고 물러난다면 당장 그곳에 자리 잡은 우리의 백성들은 어떻게 되겠습니까? 그리고 신대륙에서 들어오는 금과 은으로 지탱되던 에스파냐 경제는 어떻게 되겠습니까? 토론에서는 제가 비록 패했지만 원주민들에 대한 대우는 근본적으로 변하지 않았습니다. 그 얘기는, 꿈은 꿈이고 현실은 현실이라는 점을 명백하게 보여 주지요.

김정복 변호사　　그때 사정을 잘 모르는 사람들을 위해서 좀 쉽게 설명해 주실 수 있습니까?

후안 히네스 데 세풀베다　　그 당시 에스파냐는 유럽의 강대국으로 여기저기서 전쟁을 벌였습니다. 거기에 들어가는 막대한 비용 때문에 국가 재정이 휘청거렸는데 ▶신대륙의 금과 은으로 숨통이 트인 겁니다. 만약 그게 없었다면 에스파냐는 바로 파산했을 것이고 모든 것이 물거품이 될 게 뻔했지요.

　그리고 바르톨로메 데 라스카사스 수사의 주장은 에스파냐에 대한 비난으로 돌아왔습니다.

김정복 변호사　　하긴 사이가 나쁜 다른 나라에서 이런 좋은 얘깃거리를 그냥 넘어갈 리가 없겠죠.

후안 히네스 데 세풀베다　　맞습니다. 우리와 포르투갈이 신대륙을 차지한 것을 배 아파 한 영국과 프랑스가 바르톨로메 데 라스카사스 수사의 주장을 들어 우리를 맹비난했

교과서에는

▶ 볼리비아와 멕시코의 은광에서 대량의 은이 채굴되어 에스파냐로 운반되었습니다. 1550년경 세계 최대 은광인 포토시에서 채굴된 은은 전 세계 은 생산량의 60%를 차지하였지요.

습니다. 그들이 북아메리카 대륙에서 원주민들에게 어떤 짓을 했는 지 뻔히 알고 있는 저로서는 어이가 없기도 했을뿐더러, 그럴 줄 알 면서도 계속 목소리를 높이는 바르톨로메 데 라스카사스 수사를 이 해할 수가 없었습니다.

김정복 변호사　　말씀 잘 들었습니다. 그러니까 증인께서 원주민들 에 대한 지배가 정당하다고 말한 것은 강한 국가가 약한 국가를 정 복하고 통치한다는 자연스러운 원칙에 입각한 주장이었군요. 더불 어 당시 에스파냐의 여러 가지 상황을 고려한 현실적인 판단이기도 했고요. 마지막으로 하실 말씀이 있으십니까?

후안 히네스 데 세풀베다   에스파냐의 신대륙 발견과 지배는 당하는 입장에서는 엄청난 재앙이었을 겁니다. 사실 ▶가혹한 노동과 질병으로 원주민들이 거의 전멸되었다는 것은 부인할 수 없는 죄악이지요.

하지만 역사의 거대한 흐름은 때로는 끔찍한 학살을 낳기도 하고 그 잔해 위에 새로운 문명의 씨앗을 뿌리기도 합니다. 잉카와 아스텍 문명은 파괴되었지만 사람들은 여전히 살아남아서 다른 문화를 일궜습니다. 그리고 원하던 독립도 쟁취해서 지금은 독립 국가로 살아가고 있지요. 비록 긴 시간이 걸리기는 했지만 원주민들의 처지와 대우도 나아졌고요. 원주민 출신의 알레한드로 톨레도가 페루 대통령으로 당선되기도 했습니다.

원주민들에게 영혼이 있느니 없느니, 그들을 어떻게 대우해야 하는지에 대한 논쟁은 섬광 같은 역사의 한순간에 불과했습니다. 학살과 살육, 그리고 패배와 불평등 역시 역사의 한 부분이라는 점을 인정하고 겸손하게 받아들이시기 바랍니다.

후안 히네스 데 세풀베다의 발언이 끝나고 긴 침묵이 찾아왔다. 판사가 침묵을 깨고 말했다.

판사   말씀 잘 들었습니다. 원고 측 변호인, 반대 신문 하시겠습니까?

나인권 변호사   그러고 싶지만 제가 신청한 증인이 빨리 증언대에 서고 싶다는 의사를 피력했습니다.

교고서에는

▶ 금광과 은광 및 플랜테이션 농장에서 가혹한 강제 노동에 종사하면서 아메리카 원주민의 인구는 급격히 줄게 됩니다.

피력
생각하는 것을 털어놓고 말하는
것을 가리키는 말입니다.

판사   좋습니다. 증인은 돌아가서도 됩니다.

자리에서 일어난 후안 히네스 데 세풀베다가 김정복 변
호사와 악수를 나누고 천천히 법정을 나서는데, 갑자기 수
도복 차림의 영혼이 그에게 궤변론자라고 외치며 소란을 피웠다.

판사   재판 첫날 법정에서 소란을 피우면 엄벌에 처하겠다고 분명
히 말했습니다. 법정 경위는 저 영혼을 당장 내보내고…….

그러자 나인권 변호사가 황급히 끼어들었다.

나인권 변호사   판사님! 저분은 제가 신청한 증인입니다.

판사   뭐라고요? 그럼 소란을 피우는 저 사람이 원고 측에서 증인
신청을 한 바르톨로메 데 라스카사스라는 말입니까?

나인권 변호사   네. 그러니까 퇴정 명령을 거둬 주십시오.

판사   음, 이미 피고 측 증인의 증언을 들었으니 원고 측 증인을
부르지 않을 수 없겠군요. 증인은 나와서 선서한 뒤 증인석에 앉아
주세요.

2

원주민들은
어떤 대접을 받았을까?

나인권 변호사   우선 본인에 대해 간단히 소개해 주시겠습니까?

바르톨로메 데 라스카사스   나는 성직자로서, 무력으로 땅을 정복한 사람들이 그곳에 살던 사람들을 무차별로 죽이는 모습을 보고 도저히 견딜 수가 없었어요. 그 일로 1550년 바야돌리드에 가서 힘으로 억누르는 정복자들의 불의와 억압에 대해 신의 이름으로 논쟁을 하게 되었소.

나인권 변호사   아까 피고 측 증인이 원주민들을 노예로 부리는 것은 어쩔 수 없는 역사적 흐름이었고 당시의 현실이었다고 증언했는데요, 이에 대해서 어떻게 생각하시나요?

바르톨로메 데 라스카사스   우리가 필요하다고 해서 다른 사람의 것을 빼앗고 그것도 모자라 짐승처럼 부리는 것을 어떻게 당당하게 현

바르톨로메 데 라스카사스

실이라고 부르는지 모르겠습니다. 현실이라고요? 자기들에게만 편리하고 이익이 된다면 그렇게 부르는군요.

저는 원하는 황금을 내놓지 않는다고 부족 전체를 몰살시키고 심지어 산 채로 불태워 죽이는 것을 지켜보았습니다. 아무런 잘못도 없이 평화롭게 살던 그들을 무슨 권리로 그렇게 대할 수 있습니까?

나인권 변호사　　피고 측 증인은 또한 국가 간에는 오직 약육강식의 법칙만이 존재한다고 주장했습니다.

바르톨로메 데 라스카사스　　말도 안 되는 소리입니다. 물론 여러 가지 이유로 전쟁을 벌이고 패한 나라에서 전리품을 얻을 수는 있겠죠. 하지만 패한 나라 백성들을 모두 노예로 삼고 문명 전체를 멸망시킨 경우가 어디 있습니까?

제가 더 가슴 아픈 것은, 원주민들은 사악한 마음을 품고 다가간 우리들을 따뜻하게 환영해 주었다는 것입니다. 프란시스코 피사로가 잉카 제국에 처음 도착했을 때 따뜻한 환영을 받았다는 이야기는 들었겠죠? 에스파냐 인들은 대부분 이런 환대를 받았습니다. 이걸 정당한 전쟁이라고 말할 수 있겠습니까?

나인권 변호사　　아니요, 그들은 선의를 악의에 찬 침략으로 갚았습니다.

잠자코 듣고 있던 김정복 변호사가 자리에서 일어났다.

김정복 변호사　　지금 원고 측 변호인은 증인의 증언에 개인적인 견해를 말하고 있습니다. 이는 재판의 공정성에 심각한 문제를 줄 수 있는바, 판사님께서 강력히 경고해야 한다고 주장합니다.

판사　　인정합니다. 원고 측 변호인은 가급적 개인감정을 배제하고 신문해 주시기 바랍니다.

나인권 변호사는 천천히 숨을 몰아쉰 뒤 다시 질문을 던졌다.

나인권 변호사　　오늘 피고 측 증인은 문명화된 에스파냐 인들이 미개한 원주민들을 지배하는 것은 자연스러운 현상이라고 말했습니다. 증인께서는 원주민들을 직접 보고 겪으셨는데요. 과연 그들이 그런 대접을 받아야 할 만큼 미개하고 야만적이던가요?

바르톨로메 데 라스카사스　　천만에요. 아스텍 인의 인신 공양 풍습을 끈질기게 물고 늘어지는데요, 유럽은 그에 못지않은 마녀사냥을 오랫동안 해 왔습니다. 마녀인지 아닌지 시험하기 위해 물속에 빠트리고 헤엄쳐 나오면 마녀, 물에서 나오지 못하고 그냥 빠져 죽으면 마녀가 아니라는 판결을 아무렇지도 않게 내린 이들이 과연 누구에게 미개하다고 주장할 수 있는지 모르겠습니다.

나 변호사는 그들이 남긴 유적과 조각품들을 보셨겠죠? 하느님을 믿지 않는다는 점을 제외하면 그들은 훌륭한 문명을 지닌 사람들이

었습니다. 그리고 제가 본 원주민들은 하나같이 유럽의 신사 못지않게 예의 바르고 착했습니다.

나인권 변호사   재판 기간 내내 피고 측은 에스파냐와 잉카 제국 모두 정복 국가였으며 지배받는 자들을 가혹하게 대했으니 피해자 운운할 자격이 없다고 주장했습니다. 그것이 에스파냐가 신대륙의 원주민들을 지배하는 것에 대한 정당성이자 나아가서 잉카 제국이 그렇게 쉽사리 멸망할 수밖에 없었던 이유라고 설명했는데요.

바르톨로메 데 라스카사스   그렇게 이야기할 수도 있겠죠. 잉카 제국 역시 우리가 가기 조금 전까지 쿠스코 인근의 작은 부족이었다가 불과 100년 만에 그렇게 영토를 넓혔으니까요. 하지만 양쪽의 지배가 본질적으로 똑같았다고 볼 수는 없습니다.

전 잉카 인들이 복속한 부족들에게 낙인을 찍어서 하루 종일 광산 같은 곳에서 가혹하게 일을 시켰다는 말을 듣지 못했습니다. 말을 듣지 않는다고 걸음도 못 걷는 아이부터 늙은 노인까지 가리지 않고 죽였다는 이야기도 못 들었습니다. 물론 황실 내부에서 계승 문제를 둘러싸고 참혹한 살인이 벌어졌다는 말은 종종 들었습니다만 이는 극히 예외적인 경우였지요.

제 말을 믿지 못하는 분들을 위해 당시 정복자 중 하나였던 만시오 데 레기사몬이 죽기 직전에 에스파냐 국왕 펠리페 2세에게 보낸 유언장의 일부를 읽어 보겠습니다.

바르톨로메 데 라스카사스가 소매에서 두루마리를 꺼내서 펼쳐 들더니 낭랑한 목소리로 읽어 나갔다.

바르톨로메 데 라스카사스　“우리가 발견한 왕국들은 잘 통치되었고, 도둑은 눈을 씻고 찾아도 없었습니다. 모두가 자기 할 일을 했고, 범죄자는 손가락질을 받았습니다. 백성들은 왕을 존경했고, 왕은 백성들을 잘 다스렸습니다. 제가 이런 말씀을 드리는 이유는 제 양심의 평화를 위해서, 그리고 제가 저지른 죄에 대한 뉘우침 때문입니다. 우리는 평화롭게 살던 원주민들을 남김없이 파괴하고 악행의 씨앗을 뿌렸습니다.”

그 땅에 처음 발을 내디딘 자조차 그곳이 평화로웠다고 증언했습니다. 이런데도 우리와 그들의 지배가 비슷했다고 주장할 수 있습니까? 에스파냐 인들은 아무런 양심의 거리낌 없이 오직 탐욕에 눈이 어두워서 착하게 살던 그들을 괴롭히고 학살한 것입니다.

나인권 변호사　　그렇다면 잉카 인들이 그렇게 패배하고 무너진 것이 그들이 미개했다거나 제대로 통치하지 못했기 때문이 아니란 말씀이신가요?

바르톨로메 데 라스카사스　　그렇습니다. 그들이 힘없이 멸망한 것은 미개했기 때문이 아니라 순수한 마음으로 우리를 환영했기 때문입니다.

대체 어떤 법이 이런 원주민들을 노예로 대하라고 규정했습니까? 성경의 어느 구절이 이들에 대해 미개한 종족이니 우리가 다스려도 무방하다고 말하고 있습니까? 이것은 약육강식의 법칙이 아니라 인간에 대한 존중이자 평등에 관한 이야기입니다.

더불어 이것이 현실이라고 주장한 것으로 알고 있는데, 현실이라는 이유만으로 눈앞에서 벌어지는 참상을 외면하라는 것은 잘못된 일입니다. 이런지런 핑계를 대고 잘못된 것을 바로잡지 않는 것이야말로 야만인이나 할 짓거리가 아니겠습니까?

바르톨로메 데 라스카사스의 쩌렁쩌렁한 목소리가 법정 안에 울려 퍼졌다.

　왜 잉카 제국은 멸망했을까?

나인권 변호사　증인께선 방금 이번 재판이 열린 가장 중요한 이유를 말씀하셨습니다. 신대륙의 발견은 에스파냐에 번영을 가져다주었을지 모르지만, 잉카 제국의 멸망으로 원주민들은 가혹한 삶을 살아야 했죠.

　물론 잉카 제국에는 철기 문명이 없었고 잉카 인들은 사람과 신을 구분하지 못했습니다. 또한 중요한 순간에 왕과 귀족들은 다툼을 벌였죠. 하지만 그 모든 것으로도 잉카 인들의 삶을 짓누를 명백한 이유가 되지는 못합니다.

나인권 변호사는 간절한 눈빛으로 말을 이었다.

나인권 변호사 잉카를 공격했던 에스파냐 인들의 영혼이 모두 패자들의 마을에 있으니 다른 추가적인 처벌이 불가능하다는 사실을 잘 알고 있습니다. 그럼에도 이 소송을 제기한 것은, 세간에 아직도 잉카 인들은 야만인이고 어리석어서 에스파냐 인들에게 정복당했고 그 이후의 참혹한 삶 역시 패배자로서 당연한 일이었다는 인식이 있기 때문입니다.

저는 본 법정에 제안, 아니 부탁합니다. 정복자를 약탈자라는 명칭으로 대체하고, 신대륙을 발견한 것이 아니라 그곳에 '도착'한 것이며 그들의 행위가 '범죄 행위'였다는 점을 분명하게 알려야 한다고요. 바로 여기 이 역사공화국 세계사법정에서부터 말입니다. 이상으로 신문을 마치겠습니다.

판사 수고하셨습니다. 피고 측 변호인, 반대 신문 하시겠습니까?

판사의 질문에 김정복 변호사가 잠시 고민하다가 고개를 가로저었다.

판사 그럼 이것으로 마치고, 잠깐 휴식을 취한 뒤 양측의 최후 진술을 듣도록 하겠습니다.

바야돌리드 논쟁

　　1550년에 에스파냐 국왕 카를로스 5세는 신대륙 원주민의 처우에 관해 논의할 것을 명령합니다. 이에 1550년 8월에 교황 율리오 3세가 파견한 살바토레 론체리 추기경의 입회 아래 에스파냐의 정복 활동을 옹호하는 인문학자인 후안 히네스 데 세풀베다와 원주민의 인권 옹호를 외치는 도미니크 수도회의 바르톨로메 데 라스카사스 수사가 양측 입장을 대변하는 가운데 에스파냐의 바야돌리드에서 토론을 벌입니다. 양측이 동시에 출석해서 토론을 벌인 것은 아니고 각각 따로 나와서 자신들의 견해를 밝힌 것으로 알려져 있죠. 교황청과 카를로스 5세는 바르톨로메 데 라스카사스 수사의 손을 들어 주었지만 이후에도 원주민을 학대하는 것을 완전히 막지는 못했습니다.

다알지 기자

오래 기다리셨습니다. 방금 이번 재판의 마지막 공판이 끝났습니다. 많은 영혼들의 관심이 집중된 가운데 열린 이번 재판에서는 원고 측 증인 바르톨로메 데 라스카사스와 피고 측 증인 후안 히네스 데 세풀베다 사이에 원주민 인권에 대한 의견이 팽팽하게 맞섰다고 합니다.

먼저 증언에 나선 후안 히네스 데 세풀베다는 에스파냐의 신대륙 정복과 원주민 지배는 약육강식의 법칙에 의거해 정당하다고 주장한 반면, 바르톨로메 데 라스카사스는 원주민들을 가혹하게 다룰 권리는 누구에게도 없다고 반박했지요.

재판부가 어느 쪽 손을 들어 줄지 관심이 집중된 가운데 이제 최후 진술과 판결만을 남겨 두고 있습니다. 오늘은 증인으로 나오신 두 분을 모시고 말씀을 듣도록 하겠습니다.

후안 히네스 데 세풀베다

뭐, 나쁘진 않았습니다. 자꾸 지금 기준에서 볼 때 범죄 행위라는 이유로 당시의 현실을 무시한 채 기계적으로 판단하는 후대인들의 오만이 답답합니다.

제가 살던 시대에는 원주민들이 우리보다 못한 존재라는 점에 대해서 그 누구도 반박하거나 의문을 제기하지 않았습니다. 오직 일부 몽상가들이 이상론을 설파했을 뿐이죠.

저는 어떻게 판결이 나든 크게 개의치 않을 생각입니다. 다만 앞 시대를 이해하려는 논의와 시도가 좀 더 많았으면 하는 바람입니다.

바르톨로메 데 라스카사스

오랜만에 이 문제에 대해서 공개 석상에서 이야기하니까 더없이 기뻤습니다. 제 의견은 그때나 지금이나 똑같습니다. 원주민도 사람이고, 우리는 그들을 정복하거나 지배할 권리가 없다는 겁니다. 물론 잉카 제국이 한순간에 무너지긴 했지만, 그것만으로는 그들이 미개하다고 주장할 근거가 되지 못합니다.

제 주장이 현실적이지 않다거나 과격하다는 비난은 오래전부터 들어 왔습니다. 하지만 황금에 눈먼 사람들이 다른 사람들을 억압하는 것이 현실이라면 그것은 분명 지옥일 것입니다. 이번 재판이 원주민들을 학살하고 억압한 자들의 치졸한 변명에 쐐기를 박는 계기가 되기를 기대합니다.

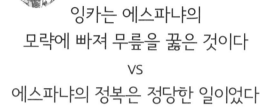

잉카는 에스파냐의
모략에 빠져 무릎을 꿇은 것이다
VS
에스파냐의 정복은 정당한 일이었다

판사　이제 당사자들의 최후 진술을 들도록 하겠습니다. 먼저 원고부터 말씀해 주세요.

아타우알파　제가 죽은 뒤 잉카를 위해 싸우다 죽은 만코 잉카와 백성들에게 미안한 마음에 저는 재판 기간 내내 고개를 들지 못했습니다. 저는 에스파냐 인들에게 포로로 잡혔고, 그들이 좋아하는 황금을 주면 풀려날 것이라고 믿었습니다. 전국의 황금을 모으라는 명령도 내렸죠. 하지만 그들은 저의 선의에 대해 누명을 씌워서 처형하는 것으로 답했습니다. 마지막 순간에야 그들의 생각을 눈치챘지만 너무 늦은 깨달음이었습니다. 이곳에 와서 잉카가 무너지는 모습을 보면서 저의 잘못을 뉘우치고 또 뉘우쳤습니다.

　지금껏 잉카 제국과 그 백성들은 미개한 야만인이고 외부의 침략

앞에서도 정신을 차리지 못했기 때문에 소수의 침략자들 앞에 무릎을 꿇었다고 알려져 왔습니다. 물론 일정 부분 진실입니다. 저도 포로로 잡혀 있을 때 왕위를 두고 싸웠던 와스카르를 처형했으니까요.

하지만 그것만으로 잉카의 몰락을 설명할 수는 없습니다. 우린 오랫동안 외부인들과 만나지 못했고, 저들이 우리를 집어삼키려는 속셈이라는 것도 몰랐으니까요. 아버지와 형을 쓰러뜨린 전염병도 한몫 했습니다. 야만인들은 잉카 인이 아니라 오히려 신의 이름을 욕되게 한 잔인한 저들입니다.

빌카밤바가 함락되고 잉카의 마지막 황제인 투팍 아마루가 죽음을 맞으면서 잉카의 시대도 역사 속으로 사라져 갔습니다. 하지만 잉카의 눈물에 대한 기억은 오늘날까지 이어지고 있지요.

저는 저들에 대한 또 다른 심판을 원하지는 않습니다. 다만 우리가 어떻게 그들의 속임수에 넘어가 나라를 빼앗겼는지 밝히고, 우리가 마지막 순간까지 포기하지 않고 싸웠다는 것을 알아주셨으면 하는 마음뿐입니다.

판사　　이번에는 피고가 최후 진술을 하시기 바랍니다.

프란시스코 피사로　　나는 아직도 이 재판이 왜 열렸는지 모르겠습니다. 나는 떳떳합니다. 왜냐고요? 나의 왕이신 에스파냐 국왕에게 정식으로 명령서를 받는 등 당시로서는 충분한 법적 절차를 밟았기 때문입니다.

그리고 몇 번이나 말했듯이, 잉카 제국도 원래 자그마한 부족이었는데 어느 순간 세력을 넓힌 것입니다. 우리에게 침략할 자격 운

운하려면 먼저 저들에게도 같은 질문을 던져야 옳습니다. 그리고 몇백 명에 불과한 우리가 저들을 지배한 것 자체가 바로 정당성을 입증하는 것이나 다름없습니다. 우리의 무기와 용기가 저들의 야만성을 이겼는데 어떤 말이 더 필요하겠습니까?

모든 인간이 인종을 초월해 평등하다는 사상은 제가 잉카를 점령한 후 400년이 지나서야 보편화되었습니다. 그걸 수백 년이나 앞당겨서 제게 적용하는 것은 옳지 않습니다. 제가 살던 시대에는 기독교도인지 아닌지가 인간인지 아닌지를 판단하는 기준이었습니다. 오늘 마지막 증인으로 나온 바르톨로메 데 라스카사스 수사가 아스텍 제국을 정복한 에르난 코르테스에게 당신은 어떤 법에 근거해서 몬테수마 황제를 감금했느냐고 물은 적이 있습니다. 이에 대해 에르난 코르테스는 요한복음의 한 구절을 인용해서 "정문으로 들어가지 않는 자는 모두 도둑이고 강도다"라고 대답합니다. 간단히 말해 법의 테두리 안에 들어가지 않는 이방인에 대해서는 어떤 법적 정당성도 논할 필요가 없다는 것입니다. 이것이 당대 사람들의 보편적인 관점이었습니다.

판사   원고와 피고의 최후 진술을 잘 들었습니다. 이를 토대로 배심원을 포함한 방청객들이 각자의 판결을 내릴 것입니다. 재판 내내 논쟁의 대상이 된 문제들은 저와 여러분 모두 두고두고 고민해야 할 부분이라고 생각합니다.

저는 배심원들의 의견을 참고하여 4주 후에 판결문을 공개하겠습니다. 양측 변호인과 배심원 여러분, 방청객들 모두 수고 많으셨습니다. 이것으로 재판을 마치도록 하겠습니다.

땅, 땅, 땅!

역사공화국 세계사법정 재판 번호 29 아타우알파 VS 프란시스코 피사로

주문

잉카 제국 멸망의 원인에 대해서는 양측의 주장이 모두 타당성이 있다고 판단한다. 따라서 양측은 서로에게 물리적·사후적 처벌이나 보상을 하지 않는다.

판결 이유

양측의 주장이 모두 어느 정도 타당성이 있다고 인정되는바, 이 부분에 대해서는 통찰력 있는 분석과 균형 잡힌 판단을 해 줄 것을 부탁하는 바이다.

피고의 잉카 제국 침입과 점령 이후 벌어진 원주민 학대는 잘못된 행위다. 피고와 피고 측 변호인은 과거의 일을 현재 기준으로 판단하는 것은 옳지 않다고 주장하지만, 시대를 초월한 보편타당한 가치, 즉 평등하고 존엄한 존재로서 인간이 학대받지 않을 권리는 이에 저촉되지 않는다.

피고 측은 침략 행위가 자국 왕의 승인을 받은 합법적인 행위라고 주장하지만, 이는 재판 기간 내내 역시 피고 측이 주장했던 잉카 인들이 야만인이기 때문에 법의 보호를 받지 못한다는 논리와 정면으로 위배된다. 즉, 침략의 권리는 법의 테두리 안에서 판단하면서 정작 상대방의 법적 권리는 인정하지 않는 모순을 드러낸 것이다. 또한 원주민들을 부당하게 대우하는 것이 당대의 보편적 시각이라는 주장 역시 바르톨로메 데 라스카사스 수사를 비롯한 반대론자들이 존재했던 것으로 미루어 사실이 아니라고 판단된다. 당시 유럽에 막대한 영향력을 미쳤던 교황청이 원주민들을 인간적으로 대우하라는 포교를 지속적으로 내렸고, 바야돌리드 논쟁에서도 사실상 바르톨로메 데 라스카사스의 손을 들어 주었다.

따라서 역사공화국 세계사법정 재판부는 잉카 제국의 멸망 원인에 대해 충분한 시간을 갖고 연구를 계속할 것을 권고한다. 이는 피고인 프란시스코 피사로의 잉카 제국 침략이 명백한 불법 행위임을 전제로 하는 바이다.

피고 등은 원주민들을 노예로 부리고 탄압하고 학살한 행위가 부당함을 분명하게 인식해야 한다. 또한 피고가 영웅이라거나 문명의 차이가 정복의 정당성을 보장해 준다는 논리 역시 파기되어야 마땅하다.

피고는 사망 후 대량학살과 침략 등을 이유로 이미 패자들의 마을에서 거주하도록 판결받았다. 따라서 이번 재판의 결과에 따라 추가로 처벌할 수 없다는 점을 밝힌다.

역사공화국 세계사법정 담당 판사 공정한

"역사는 승자만 기억하는 것이 아니다"

"하도 오랜만에 만나서 얼굴을 못 알아볼 뻔했네. 자넨 여전하군."

"자네가 난 죽어서도 변하지 않을 거라고 하지 않았나? 프란시스코 수도회 시절이 그리워지는군."

세계사법정의 공정한 판사와 바르톨로메 데 라스카사스는 심판의 강가를 나란히 걸으며 웃었다. 강변 여기저기에 잉카 족 영혼들이 모여 서서 이야기를 나누고 있었다.

"잉카 제국이 왜 멸망했는지에 대해서 배심원들이 명확하게 판단이 서지 않는 모양이야. 피해자들의 마을을 세워 달라는 자네 의견에 대해서도 좀 더 시간을 두고 생각해 보자고 하더군."

공정한 판사의 조심스러운 말에 바르톨로메 데 라스카사스는 웃으며 대꾸했다.

"피해자들의 마을이 하루아침에 세워질 것이라고는 믿지 않았네. 노예 제도가 잘못되었다는 것을 깨닫기까지 얼마나 긴 시간이 걸렸는지 자네도 알잖나."

그러고는 심판의 강가에 모인 잉카 인들을 가리켰다.

"저들을 보게. 대부분 관리들과 귀족들이 시키는 대로 농사를 짓고 다리를 만들던 이들일세. 하지만 에스파냐 인들의 침입으로 삶이 송두리째 망가졌지. 저기 한쪽 팔이 불편한 영혼이 보이나? 에스파냐 인이 휘두른 칼에 팔을 찔렸는데 제때에 치료를 받지 못해 죽고 말았지. 그 옆에 아기를 안고 있는 여인은 에스파냐 인이 아이에게

장난삼아 돌에 던지는 것을 보고 덤벼들었다가 죽었지. 역사는 사람이 판단하거나 재단할 수 없다고 주장한 후안 히네스 데 세풀베다나 프란시스코 피사로의 말에도 일리가 있긴 하네. 하지만 이들을 보게나. 역사에 이름 한 줄 남아 있지 않지만 이들이 역사의 주인공이네. 이들에게 따뜻한 시선을 주고 기억하지 않는다면 역사는 아무 의미 없는 기록의 나열에 불과할 거야. 내가 살아생전에 미쳤다는 비난을 들으면서도 끝끝내 싸웠던 이유는 인간이 아닌 인간은 없다는 믿음 때문이라네. 피부색이나 언어, 종교에 상관없이 말이야."

"여기선 영혼이 아닌 영혼은 없다고 말을 바꿔야지."

"내 정신 좀 봐. 여기가 저승이라는 걸 깜빡 잊었군."

두 사람은 유쾌하게 웃으며 강가를 따라 걸음을 옮겼다.

왜 잉카 제국은 멸망했을까?

잉카의 문명을 간직한 도시 마추픽추

　고대 국가 '잉카'는 현재 우리 곁에 남아 있지 않습니다. 에스파냐 인에게 정복당할 때 수도인 쿠스코를 비롯해 많은 곳이 파괴되어 흔적 조차 찾기 힘들지요. 하지만 잉카의 여러 지역 중 마추픽추는 무사할 수 있었습니다. 주위를 둘러싼 뾰족한 봉우리들 덕에 에스파냐 인들에게 발견되지 않았기 때문입니다. '오래된 봉우리'라는 뜻을 가진 마추픽추는 가파른 산비탈을 이용해 건설된 도시로 유네스코가 지정한 세계 문화유산이기도 합니다.

　마추픽추는 페루 남부 쿠스코 시의 북서쪽 우루밤바 계곡에 위치하고 있습니다. 해수면으로부터 무려 2430미터나 되는 높은 곳에 있는 마추픽추는 예전에는 1만 명이나 되는 잉카 인들이 살았던 곳으로 추정됩니다. 워낙 높은 곳에 있다 보니 마추픽추를 '잃어버린 공중 도시'라고 부르기도 하지요.

　무거운 돌을 정교하게 쌓아서 만든 마추픽추는 현대 사람이 보아도 놀라운 수준의 조화로움을 자랑합니다. 특히 가장 큰 돌은 361톤에 달하는데 이것을 어떻게 운반해 왔는지, 돌을 어떻게 이렇게 정교하게 잘랐는지는 여전히 의문으로 남아 있지요. 그래서 마추픽추는 세계 10대 불가사의로 지정되어 있기도 합니다.

마추픽추에는 콘도르의 모양을 본떠서 세운 콘도르 신전이 있고, 산의 경사면을 이용해 만든 계단식 밭이 있습니다. 평지가 없어서 농사지을 땅이 부족했던 지형적 불리함을 극복한 잉카 인들의 지혜가 돋보이는 곳이지요. 또한 마추픽추의 가장 높은 곳에는 돌기둥이 세워져 있는데, 이 기둥의 그림자가 해시계 역할을 했다는 설도 있고, 신에게 제사를 지내던 제단이라는 설도 있습니다. 이처럼 잉카 제국의 마추픽추는 후세를 살아가는 우리에게 아직도 많은 상상을 하게 하는 고대 도시랍니다.

발견 당시 수풀에 덮여 있던 마추픽추

마추픽추의 현재 모습

『역사공화국 세계사법정 29 왜 잉카 제국은 멸망했을까?』와 관련한
논술 문제를 풀어 봅시다.

※ 다음 지도와 제시문을 보고 물음에 답하시오.

(가)

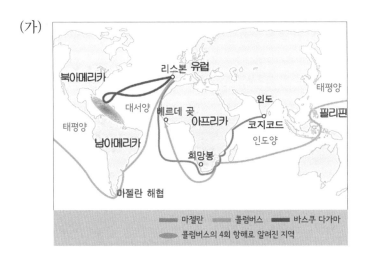

(나) 십자군 원정으로 동방 무역이 활발해지면서 유럽 인들의 동방
에 대한 관심이 높아집니다. 특히 마르코 폴로가 쓴『동방 견문
록』때문에 급속히 호기심이 커지게 되지요. 여기에 천문·지리
지식까지 발달하면서 신항로 개척이 활기를 띠게 됩니다. 신항
로 개척에 앞장 선 사람들로는 바스쿠 다가마, 콜럼버스, 마젤란
등이 있습니다.

특히 아메리카 대륙의 존재를 알게 된 유럽 인들은 금광과 은 광 개발에 몰두하였고, 은광에서 대량의 은을 채굴하기에 이릅 니다. 많은 양의 은은 유럽 각지로 흘러들게 되었지요.

1. (가)는 신항로 개척을 나타낸 지도이고, (나)는 신항로 개척과 관련된 내용입니다. (가)와 (나)를 보고 신항로 개척이 유럽에 미친 영향에 대해 쓰시오.

※ 다음 그림과 제시문을 보고 물음에 답하시오.

(가)

(나) 에스파냐군에게 사로잡힌 잉카 제국의 황제 아타우알파는 에
스파냐 인들이 황금에 대한 욕심이 매우 큰 것을 알고는 자신을
풀어 주면 그 대가로 황금을 주겠다고 제안합니다. 하지만 에스
파냐 인들은 잉카의 군대가 공격해 올 것을 두려워해 아타우알
파를 화형에 처하기로 결정하지요. 당시 잉카 인들은 불에 타
죽으면 무사히 저승에 가지 못한다고 믿고 있었기 때문에 아타
우알파는 화형을 피하고자 했고, 결국 개종을 통해 화형은 면하
게 됩니다. 아타우알파는 1533년 가톨릭교도로 개종하고 교수
형을 받아 죽습니다.

2. (가)의 그림은 루이스 몬테로의 〈아타우알파의 장례식〉이라는 작품으
로 잉카 제국의 황제 아타우알파의 장례식 모습을 그렸습니다. 이 그

림에서 느껴지는 당시 분위기에 대해 (나)를 참고하여 쓰시오.

해답 1 유럽 인들은 유럽을 벗어나 다른 대륙으로 갈 수 있는 다양한 길을 발견함으로써 많은 변화를 겪게 됩니다. 마젤란이 대서양과 태평양을 횡단하여 세계 일주를 하는 데 최초로 성공하였으며, 이로써 지구가 둥글다는 것도 알게 되었지요. 유럽 인들은 아메리카, 아프리카, 아시아 등에서 향신료와 금은을 가지고 옵니다. 특히 많은 양의 은이 유럽으로 흘러들어 오자 유럽에는 은이 넘쳐났고 이로 인해 유럽의 물가가 크게 올랐습니다.

해답 2 (가)의 그림을 보면 오른쪽에 죽임을 당한 아타우알파가 누워 있고 그 주위를 군인들이 에워싼 것을 볼 수 있습니다. 그리고 그림 왼쪽에는 슬퍼하며 울부짖는 여인들의 모습이 보이지요. 한 나라의 황제가 다른 나라의 침입을 받아 죽음을 맞게 되고 그 장례식을 치르는 현장인 만큼 백성들의 슬픔과 분노는 클 수밖에 없었겠지요.

* 해답은 예로 제시된 내용입니다.

ㄱ

그라나다 42

ㄹ

레케리미엔토 99

ㅂ

복속 63

ㅇ

아스텍 제국 35

에르난 코르테스 36

에스트레마두라 53

엥코미엔다 제도 102

원정대 54

인디언 32

인신 공양 96

ㅈ

정적 77

ㅊ

천연두 72

총독 38

ㅋ

케찰코아틀 37

키토 58

ㅌ

테노치티틀란 37

툼베스 54

ㅍ

파문 44

포교 101

피력 106

ㅎ

헬레니즘 문화 32

흑사병 81

역사공화국 세계사법정 29

왜 잉카 제국은 멸망했을까?

ⓒ 정명섭, 2013

초판 1쇄 발행일 2013년 5월 6일
초판 4쇄 발행일 2021년 7월 23일

지은이   정명섭
그린이   이남고
펴낸이   정은영

펴낸곳   (주)자음과모음
출판등록   2001년 11월 28일 제2001-000259호
주소   04047 서울시 마포구 양화로6길 49
전화   편집부 (02) 324-2347 경영지원부 (02) 325-6047
팩스   편집부 (02) 324-2348 경영지원부 (02) 2648-1311
이메일   jamoteen@jamobook.com

ISBN 978-89-544-2429-5 (44900)

과학공화국 법정시리즈 <small>(정완상 외 지음 | 전 50권)</small>

생활 속에서 배우는 기상천외한 수학 · 과학 교과서!
수학과 과학을 법정에 세워 '원리'를 밝혀낸다!

이 책은 과학공화국에서 일어나는 사건들과 사건을 다루는 법정 공판을 통해 청소년들에게 과학의 재미에 흠뻑 빠져들게 할 수 있는 기회를 제공한다. 우리 생활 속에서 일어날 만한 우스꽝스럽고도 호기심을 자극하는 사건들을 통하여 청소년들이 자연스럽게 과학의 원리를 깨달으면서 동시에 학습에 대한 흥미를 가질 수 있도록 구성하였다.

물리의 기초
물리와 생활
빛과 전기
소리와 파동
여러 가지 힘
운동의 법칙
일과 에너지
유체의 법칙
현대물리학과 양자론
상대성 이론

지구과학의 기초
천문
날씨
지표의 변화
지질시대
남극과 북극
화석과 공룡
별과 우주
바다 이야기
이상기후

화학의 기초
물질의 구성
물질의 성질
화학반응
화학과 생활
신기한 금속
여러가지 화합물
물질의 변화
음식과 화학
우리 주변의 화학

수학의 기초
수와 연산
도형
비와 비율
확률과 통계
여러 가지 방정식
여러가지 부등식
여러가지 수열
수학퍼즐
수학의 논리

생물의 기초
동물
곤충
인체
식물
자극과 반응
유전과 진화
신기한 생물
해양생물
미생물과 생명과학